本书翔实地介绍了目前研究和实施绿色扶贫计划和措施中最具发展的“雨露计划”，

具有很好的理论价值和实践指导意义。

# 中国“雨露计划”实施综合评价及新对策研究

张　琦◎著

经济日报出版社

图书在版编目（CIP）数据

中国“雨露计划”实施综合评价及新对策研究／张琦著．-- 北京：经济日报出版社，2016.3

ISBN 978-7-80257-932-3

Ⅰ．①中… Ⅱ．①张… Ⅲ．①民工-劳动就业-技术培训-研究-中国 Ⅳ．①F323.6

中国版本图书馆 CIP 数据核字（2016）第 056892 号

**中国“雨露计划”实施综合评价及新对策研究**

| | |
|---|---|
| 作　　者 | 张　琦 |
| 责任编辑 | 晏杰然 |
| 责任校对 | 徐建华 |
| 出版发行 | 经济日报出版社 |
| 社　　址 | 北京市西城区右安门内大街 65 号 |
| 邮政编码 | 100054 |
| 电　　话 | 010-63516978（编辑部）　63516959（发行部） |
| 网　　址 | www.edpbook.com.cn |
| E-mail | edpbook@126.com |
| 经　　销 | 全国新华书店 |
| 印　　刷 | 北京京华虎彩印刷有限公司 |
| 开　　本 | 710×1000 mm　小 16 开 |
| 印　　张 | 12.5 |
| 字　　数 | 200 千字 |
| 版　　次 | 2016 年 3 月第一版 |
| 印　　次 | 2016 年 3 月第一次印刷 |
| 书　　号 | ISBN 978-7-80257-932-3 |
| 定　　价 | 40.00 元 |

# 自　序

## 努力打造中国特色“雨露计划”扶贫品牌

如何落实十八届五中全会和中共中央和国务院《关于打赢脱贫攻坚战的决定》精神，创新扶贫开发新方式，打造并发挥扶贫品牌的效应，是2020年如期脱贫目标任务的重要手段之一。

### 一、“雨露计划”已成为中国扶贫开发标志性培训项目

改革开放以来，我国在扶贫开发的实践中积极探索，积累了很多符合中国特色的扶贫开发经验和品牌，“雨露计划”就是其中之一。“雨露计划”能成为标志性品牌的原因是：

**第一，“雨露计划”是一项具有自身特色的培训工程。**目前，我国的技术技能培训项目很多，有民政部、妇联、劳动人事部、社会保障部门、农业部门等，但在农村中农业部的“阳光工程”和国务院扶贫办实施的“雨露计划”项目影响最大。具有自身特色主要是因为“雨露计划”是一项专门针对贫困地区贫困人口的一项培训项目，而“阳光工程”则是一项面向广大农村的培训项目。从范围来看“阳光工程”更大，而“雨露计划”项目更专。

**第二，“雨露计划”效果明显，满意度高，获得了贫困地区的广泛欢迎。**“雨露计划”自2004年全面启动以来，中央和地方累计共投入培训资金61亿元，有近1600万农村贫困劳动力接受了相关培训，实现了这些农村贫困劳动力家庭脱贫的目标，有效地阻断了贫困代际传递的发生，有力地支持了扶贫开发事业的发展。通过实际问卷调研数据资料综合评估分析，“雨露计划”其效果表现在：受益覆盖度较高，瞄准性较强；提升了贫困人口就业率、增强了其就业稳定性；

对提高贫困人口的收入效果明显；减贫效果彰显，且能够起到脱贫示范带动作用。因此，对“雨露计划”增强就业、提高收入和脱贫减贫的效果满意度较高。

**第三，探索出了很多有效的特色化模式。**经过几年实践，我国“雨露计划”实施模式形式多样，而最为典型的如：湖北的“基地规模化、模式多样化”、湖南的“政府扶助＋工学交替”模式、建立多层次培训体系的贵州模式、河南省新县涉外培训模式，即包含培训机构多元化，培训体系多层次性、“培训—就业—跟踪”服务一体化、创业投资机制与激励政策融合配套化，实现从农民到工人再到创业者的就业转变和从个体效应向群体效应转变的模式。

**第四，适时进行改革创新，适应农村发展新需要。**“雨露计划”的一个突出优点就是扶贫办根据新时期发展需要适时进行了改革完善，即2009年扶贫办对2006年正式实施的“雨露计划”分两批进行了改革试点。第一，培训对象从以前以贫困家庭存量劳动力为主转向以初中、高中毕业后未就业的新生劳动力为主；第二，培训目的从提高打工技能、增加就业机会转向进一步提高贫困家庭新生劳动力的整体素质，增强其稳定就业和持续增收能力；第三，培训重点从组织青壮年劳动力参加中、短期就业技能培训，转向引导和鼓励贫困家庭子女接受高职、中职教育和一年以上的预备制职业培训；第四，补助方式从通过基地间接补助转向对贫困家庭学生直接补助；第五，培训时间从几个月的短期培训转向了1－2年中长期性培训。这项改革，适应了新发展需要，提升了培训效果。

## 二、努力打造和发挥“雨露计划”品牌效应，开创扶贫开发新辉煌

尽管“雨露计划”已成为中国扶贫开发标志性培训项目，在贫困地区受到欢迎，成效明显，但是在新形势下，适应我国全面深化改革的新要求和新目标，仅仅成为标志性的培训项目还不够，而是要将其打造成为扶贫开发的标志性品牌，努力打造和发挥“雨露计划”品牌效应，开创扶贫开发新辉煌。而要成为“品牌”，就需要进行完善制度、提升质量、创新机制、提高效率。

**第一，“雨露计划”要适应新阶段我国扶贫开发新转变。**其一，适应贫困内涵新转变。将扭转区域发展不平衡趋势、提高贫困群体发展能力作为未来扶贫开发的重要目标，将生态环境的改善作为未来扶贫开发的总体要求之一。其二，适应减贫目标新转变，即“两不愁、三保障”和贫困地区与全国均衡发展多元目标。其三，适应到户到村的精准扶贫与集中连片特殊困难地区扶贫开发相结合的新形势。其四，适应新时期扶贫创新要以推进和实现国家治理体系和治理能力现

代化为总体目标的新变化。

**第二，"雨露计划"需要解决以下问题和现实挑战：**其一，要努力解决好地区差异性与全国整体性之间的矛盾问题，创新更具效率的培训模式。其二，要努力解决好"雨露计划"与其他人力资源培训的协调和整合问题，形成合理的分工，避免资源浪费和无谓竞争。其三，要解决好扶贫开发中重视基础设施建设，忽略能力建设问题弊端，强化"雨露计划"支持力度。其四，要努力解决好"雨露计划"在培训对象培训时间、培训内容等方面存在的问题和矛盾。

**第三，"雨露计划"要重点解决以下任务：**其一，适度扩大对"雨露计划"的投入，合理利用扶助资金。其二，构建全国统一的"雨露计划"培训协调组织体系。其三，设立县级人力资源开发计划协调组织机构，整合人力资源培训资源。其四，积极推行异地培训试点，将创业培训纳入"雨露计划"改革创新重点。其五，加强与扩大建设"雨露计划"实验示范基地力度和范围。其六，适应新时期新形势，丰富"雨露计划"培训内容，形成"综合素质＋技能＋创业＋职业"培训新体系。其七，加深与扩大对"雨露计划"政策的理解与宣传。其八、重视和增加管理人员能力建设投资。总之，打造"雨露计划"品牌，对新时期扶贫脱贫工作将会起到重要推动作用。

张　琦

2016 年 1 月 16 日

# 目　录

# 导　言

在中国所推动实施各种扶贫开发政策措施中，以贫困人群能力建设为核心的“雨露计划”无疑是最具可持续性扶贫的有效方式之一。也是作为国务院扶贫办所开展实施的三大重点扶贫工作之一，其主要任务是帮助贫困地区青壮年农民解决就业、创业中遇到的实际困难，鼓励农村贫困家庭子女接受职业教育。“雨露计划”以提高素质、增强就业和创业能力为宗旨，以职业教育、创业培训和农业实用技术培训为手段，以促成转移就业、自主创业为途径，最终达到促进提高贫困地区劳动力素质、增加贫困农民收入的目的。在我国进入新的扶贫攻坚情况下，亟需对“雨露计划”进行全面总结和评估，为扶贫开发实施提供参考。

## 一、研究的背景

针对“雨露计划”进行的综合研究具有深刻的历史背景和现实背景。20世纪80年代，我国开始实施大规模的扶贫开发之初，就认识到劳动力素质低是致贫的一个重要原因，并及时提出坚持开发式扶贫方针，通过培训提高劳动力素质和就业技能，促进贫困地区劳动力向发达地区和非农产业转移就业。早在20世纪80年代，我国在“三西”建设时，曾提出“有水路走水路，没水路走旱路，水旱路不通另谋出路”口号，“另谋出路”即主要指转移就业。

《国家八七扶贫攻坚计划》明确把“有计划有组织地发展劳务输出，积极引导贫困地区劳动力合理有序地转移”纳入扶贫开发的五项基本途径。《中国农村扶贫开发纲要（2001~2010年）》进一步指出“提高群众的综合素质特别是科技文化素质，是增加贫困人口经济收入的重要措施，也是促进贫困地区脱贫致富的根本途径，必须把农民科技文化素质培训作为扶贫开发的重要工作。积极稳妥地扩大贫困地区劳务输出。加强贫困地区劳动力的职业技能培训，组织和引导劳动力健康有序流动”。

“雨露计划”就是在这一发展过程中，国务院扶贫办于2004年开始全面实施的，并于2006年10月24日，将面向贫困地区的农村剩余劳动力转移培训项目命名为“雨露计划”。

“雨露计划”自2004年全面启动以来，中央和地方累计共投入培训资金61亿元，有近1600万农村贫困劳动力接受了相关培训，通过为每一个农村贫困劳动力投入600－1500元的培训费，支持其参加职业技能、创业和农村实用技术培训，实现了这些农村贫困劳动力家庭脱贫的目标，有效地阻断了贫困代际传递的发生，有力地支持扶贫开发事业的发展。

在新时期《中国农村扶贫开发纲要（2011~2020年）》确定“落实全面建成小康社会要求，实现到2015年贫困人口显著减少，到2020年基本消除绝对贫困现象的扶贫攻坚”的新目标，对此，就需要全面总结“雨露计划”实施经验，存在问题，评估“雨露计划”的实施效果，并提出完善“雨露计划”新对策建议，为新时期《中国农村扶贫开发纲要（2011~2020年）》目标的实现发挥“雨露计划”最大潜能。

## 二、研究目的和意义

### （一）目的

1. 建立“雨露计划”评估的指标体系，为全面评估“雨露计划”效果提供理论上的指导。“雨露计划”自2004年全面实施以来，对“雨露计划”的评估是主要根据各级扶贫机构的相关数据汇总来进行的，这种方式虽然能清楚直观地反映“雨露计划”的实施状况，但是在数据的汇总上报中，出现了一些数据不全面的情况，影响了对“雨露计划”的评价，而且这种方式不能对“雨露计划”的实施效果做出更加深入的分析。本研究希望通过建立评估“雨露计划”实施效果的指标体系，能够和相关数据相结合，对“雨露计划”的实施效果能够进行深入全面的评价，为评估“雨露计划”效果提供客观全面的测度方法，并根据此评估方法对“雨露计划”的实施效果进行评价。

2. 系统总结典型地区的有益经验，为“雨露计划”的实施提供示范推广参照。希望通过本研究对“雨露计划”实施方式改革试点县——河南省新县进行实地调研，对“雨露计划”实施过程中的经验进行归纳总结，以便为“雨露计划”的进一步开展提供借鉴。新县作为革命老区、贫困地区、“雨露计划”改革试点地区，通过实施“雨露计划”进行农村贫困人口劳动力转移培训，有效带动了当地扶贫开发工作的开展，使当地农民人均增收1500元，使当地农村贫困状况得到有效缓解。在“雨露计划”的实施过程中，新县建立起了国外就业和国内就业相结合、工业技术培训与农业技术培训相结合、省市县多级培训基地相结合、公办机构和民办机构相补充的“雨露计划”培训体系，使新县的“雨露计划”实施取得了显著的效果。本研究通过对新县“雨露计划”的实施进行实地调研，根据所获得的数据、资料，对这一典型地区的“雨露计划”实施经验进行总结，分析“雨露计划”取得的成效和实施过程中的问题，以便为更好地开展“雨露计划”提供一定的借鉴。

3. 提出新时期“雨露计划”的新对策建议。“雨露计划”的实施具有良好的初衷，是贫困人群能力建设的重要体现。但是“雨露计划”在进一步完善的过程中，还面临着一些挑战，制约了“雨露计划”效能的发挥。针对这些挑战，提出相应的政策建议，是进一步发挥“雨露计划”在贫困人群人力资本建设方面的需要。

### （二）意义

对“雨露计划”进行综合评价，不仅是完善“雨露计划”，进一步推动“雨露计划”实施工作的要求，而且是推进扶贫开发理论体系建设的必然要求，同时也是落实新纲要的需要。

1. 有利于将“雨露计划”实施效果进一步显现出来。自2004年“雨露计划”开展以来，目前还缺乏全国范围内全面系统评估标准和理论指导。本研究立足全国，既面向全国，又突出典型地区，不但可以为在全国范围完善相关政策提出了建议，也为各级扶贫系统进一步完善“雨露计划”的相关工作提供了借鉴，从而为“雨露计划”实施工作的进一步开展提供了推动力。

2. 有利于推进我国扶贫开发理论体系的进一步完善。在我国的扶贫开发过程中，逐步形成了包括农村贫困人群剩余劳动力转移培训理论在内的具有我国特色的扶贫理论体系。尽管有关“劳动力转移培训”概念提出比较早，但对农村贫困人群劳动力转移培训研究主要是作为整个农村劳动力转移培训的一个方面来进行研究的，对农村贫困人群的劳动力转移培训进行系统性综合性评估研究相对较少。我们从“雨露计划”的实施效果和人力资源和城镇化两个维度上的评估，从而使得宏观和微观视角下“雨露计划”的研究理论得以提升和扩展。

3. 有利于新纲要和“十八大”扶贫开发精神的落实。2011年颁布的《中国农村扶贫开发纲要（2011~2020年）》和2012年召开的党的十八大中关于提升贫困人口的自我发展能力，“发展现代职业教育，加大对贫困地区的扶持力度”等等，本研究实际上就是研究贫困群体能力建设问题，就是落实新纲要精神的具体体现，也是为实现“十八大”全面建成小康社会目标所采取措施的具体体现。

## 三、本研究的理论基础

“雨露计划”实际上是一种赋能型的扶贫开发模式，就是人力资源能力建设内容，也就是人力资本理论和能力贫困理论以及贫困代际传递理论等理论在扶贫开发工作中的具体运用。因此，“雨露计划”的理论基础就是集人力资本理论、能力贫困理论和贫困代际传递为一体的理论。

### （一）人力资本理论

人力资本的思想萌芽可以追溯到古希腊时代，柏拉图（Plato）、亚里士多德（Aristotle）等思想家都曾提出知识和技能在生产生活中的重要地位。人力资本这一概念很早就在经济学中出现了，威廉·配第（William Petty）就曾提出“土地是财富之父，劳动是财富之母”，同时他还认为除了土地、物质资本和劳动力这三个传统的增长要素以外，还存在第四个增长要素——人的“技艺”。亚当·斯密（Adam Smith）曾在《国富论》一书中明确将劳动者才能作为资本存量的组成部分；阿弗里德·马歇尔（AlfredMarshall）也强调了教育相当重要，提出对人力资本进行投资具有长远意义。西奥多·舒尔茨（Theodore Schultz）首次对人力资本理论进行了系统的论述，认为，人的知识、技能和健康状况等的总和即是人力资本，并提出提高人力资本比起增加物质资本和劳动力数量对经济增长的作用更大，强调了人力资本在经济增长中所起到的重要作用。他认为人力资本是由对人力进行投资而得到的，主要包括对教育训练、卫生保健以及劳动力在国内的流动这三个方面的投资与支出，其中教育是最主要的方面。保罗·M·罗默（Paul M. Romer）的研究则表明，一国用于研究开发的人力资本少，或者已有的人力资本过于贫乏，则会使得这个国家很难摆脱低速增长的轨迹；罗伯特·J·巴罗（RobertJ. Barro）等提出人力资本是比物质资本更为重要的增长源泉。贝克尔在1964年的一篇文章中对人力资本的范围进行了扩展，提出人力资本的投资主要包括教育、保健、劳动力在国内的流动之外还包括了移民入境等方面的投资与支出。后来发展的现代人力资本理论，将人力资本引入经济增长模型当中，从定量分析的角度将人力资本对经济增长的影响进行了深入而系统的分析。

人力资本理论的重要论点就是人力资本缺乏是贫困地区经济落后的一个重要因素。贫困地区通过人力资本投资，可以促进贫困地区的经济增长，带动贫困家庭收入增加，在一定程度上取得减贫效果。按照舒尔茨、明赛尔等经济学家的观点，人力资本不是先天具有的，而是通过后天的投资获得的。这种投资包括教育投资、培训投资、健康投资和迁移投资等。只有通过一定的投资方式、掌握了一定的知识和技能的人力资源才可以称为人力资本。此外，人力资本在使用中，必须和物质资本相结合才能发挥出相应的作用，否则就无法实现自身的效益。[①] 在进一步的分析中，罗默和卢卡斯等经济学家将人力资本纳入到经济增长模型中，认为人力资本是经济增长的重要推动力。增加人力资本的投资不仅能使其自身产生递增收益，也会减弱或消除资本、土地等要素边际收益递减规律对经济增长的不利影响，使资本、劳动等生产要素产生递增收益，从而通过自身效益提高和其他生产要素效益提高两个方面促进总产出的增加，实现经济持续增长。[②] 如果运用人力资本理论来分析贫困地区出现的原因，则可认为贫困地区之所以存在，是因为这些地区的人力资本薄弱，无法促进本地区经济增长，从而导致该地区与其他地区的差距。因此，加大贫困地区的人力资本建设是实现贫困地区减贫的一个有效途径，而人力资本提升的重要途径就是专业技能和专业技术的培训。

国内对人力资本的系统研究发展较晚，在研究的过程当中也对人力资本这一概念提出了一些定义。李忠民（1999）认为人力资本是能够凝结在人体内，并物化于商品或服务，以此增加商品或服务的效用，并分享收益的价值的投资。冯子标（2000）则认为知识、技术、信息与能力是独立于劳动的商品，这些要素可以在市场上进行交换并且是起到主要作用的高级要素，这些要素的集合就是人力资本。李玲（2003）认为通过对知识、技术、能力、经验、协作力、工作程度、健康及其质量因素等多个要素进行投资后，这些要素凝结于人体内并且能够为劳动力带来收益，这些要素的总和就是人力资本。

通过上述各种对人力资本的描述，本文认为人力资本的形成由教育、健康和迁移等方面的投资构成，这些投资凝聚在劳动者体内并且能够反映出经济价值就是人力资本。其中教育投资是人力资本形成最主要的方面，不仅包括常规的教育，如小、中、高、大学的教育，还包括在职培训、干中学、言传身教等非正规

---

① 汪晓文. 欠发达地区经济增长的动力机制：人力资本投资——以甘肃为例［J］. 兰州大学学报（社会科学版），2005（1）.

② 常晔. 中国农村不同区域人力资本与经济协调发展研究——基于江苏、河南、甘肃的对比分析［D］. 兰州大学，2008.

突进的教育形式；健康投资是为提高人的身心健康而进行的必要投资，人的身心健康是人力资本得以发挥的基本前提，这项投资不仅包括治疗恢复性的医疗投资，还包括具有预防保健性质的保健投资；迁移投资也是人力资本投资的重要方面，迁移是拓宽知识与技能的重要渠道，也是劳动力资源进行优化配置所必需的前提，从市场来看，劳动力是追逐的高收入在地区和行业之间进行流动，迁移需要付出直接成本与机会成本。因此，对迁移进行投资有利于提高劳动力的效率，并能对提高收益方面起到积极的作用。

### （二）能力贫困理论

能力贫困理论则进一步解释了人力资本缺乏对贫困群体个人的影响。该理论认为贫困群体之所以贫困是因为该群体人力资本建设薄弱，能力缺乏。而“雨露计划”则可以通过对贫困群体的人力资本建设，提高群体的人力资本，使该群体具备脱贫的能力，从而实现减贫。“能力贫困”的观点是由阿马蒂亚·森等发展经济学家提出来的，他们将经济增长领域的人力资本理论研究应用到反贫困研究当中，认为对贫困人口进行人力资本投资是解决能力贫困的重要战略选择。“能力贫困”观点认为贫困应被视为基本可行能力的剥夺，而不仅仅是收入低下。贫困人口之所以落后贫困，其根本原因不在于物质资本的短缺，而在于人力资本的匮乏，是缺乏健康、专业知识和技能、劳动力自由流动受阻、教育等高质量人力资本投资的结果。贫困人口的人力资本不足，使得他们没有足够的“能力”去追逐生存和发展的机会，进而被社会排斥，处于社会的最底层，过着贫困的生活。[①] 根据“能力贫困”理论，对贫困人口进行人力资本投资，提升他们的行为能力就成为推进反贫困战略的理性选择。在这一选择下，缩减、消除贫困的有效路径就是通过提高穷人的人力资本来增强其能力，重点是加强贫困人群的人力资本投资，以此改善贫困人口的健康状况、提高其教育水平和劳动技能，促进贫困人口进入劳动力市场，充分发挥人力资本在经济增长、个人收入能力增加的核心作用，从而在微观和宏观两个层面上形成反贫困的良性循环与可持续发展，通过经济增长、促进就业、增加收入等实现消除贫困的目的。

### （三）贫困代际传递理论

本研究的另一个理论基础是贫困代际传递理论。从其理论渊源上来看可以追

---

① 周明海. 农民权利贫困及其治理——基于阿马蒂亚·森“可行能力”视角的分析［J］. 甘肃理论学刊，2009.

溯到卡尔·亨利希·马克思（KarlHeinrichMarx）、马克斯·韦伯（MaxWeber）等所提出的阶级关系对社会分层结构和相应群体贫困之间关系的强调。弗兰克·帕金（FrankParkin）认为，社会分层并不仅是一种不平等，同时还是这样一种制度安排，使得子代报酬与父辈具有连续性，进而保证处于优势位置之家庭在代际中不断传递下去。

上个世纪60年代，一些美国的经济学家在研究阶层继承和地位获得的过程中发现社会中的贫困阶层在长期陷入贫困的情形下这些贫困家庭与社区会将贫困的状态进行代际之间的传承，从而提出了贫困代际传递（Intergenerational Transmissionof Poverty）的概念，具体将其定义为：一种恶性的遗传链条，具体表现为贫困连同导致贫困的相关因素在一个家庭内部由父辈传递给子辈，使子辈在成年后重复父辈的境遇——继承父辈的贫困及其引致因素并将其传递给下一代；也指在一定的社区或阶层范围内贫困及其引致因素在代际之间延续，使子辈和父辈一样陷入贫困。

在对贫困代际传递的研究中，研究者们提出了多种理论试图解释这一现象。社会交换/流动理论认为一个社会若是开放型的，那么在这个社会中地位和收入的流动性更高，穷人及其子女就能够通过努力离开贫困阶层；反之，若是社会属于封闭型社会，那个穷人不仅难以改变自己的收入和地位，其子女陷入贫困的概率也较高。根据这一理论美国学者彼得·迈克尔·布劳（Peter Michael Blau）与奥迪斯·戴德里·邓肯（Otis Dudley Duncan）提出了地位获得模型，这一模型的提出证明了以父辈教育程度和职业地位为指标能够解释20%子辈职业地位的变异量。奥斯卡·刘易斯（Oscar Lewis，1966）则提出了贫困文化的概念，试图从文化角度对贫困代际传递进行解释，他提出贫困群体在长期的贫困生活中会形成特殊的、不健康的生活方式与行为方式，如举债、自暴自弃等，同时贫困人口之间会形成特定的群体意识与归属感，最终形成一套穷人特有的价值观念与文化体系。这种价值观和贫困文化会由子辈从父辈那里所继承，在一个较为封闭的社会环境下，这种贫困文化的代际传递会促使贫困在代际中不断传递。理查德·J·赫恩斯坦（Richard J. Herrnstein，1973）提出智力低下论以解释贫困代际传递，他提出穷人的智商要比富人的低，而穷人之间常常相互结合，因此生出智力低下的孩子，智力上的遗传导致了贫困的代际传递。拉尔夫·G·达伦多夫（Ralf G. Dahrendorf，1979）认为由于每个人出生时处在不同的社会阶层，他们在生活中的选择和机会——“生活机会”生来就是不平等的，这种不平等是造成经济失利代际传递的重要因素。彼得·汤森德（Peter Townsend，1979）认为贫困代际传递与社会排斥有关，贫困群体属于社会弱势群体，这一群体会受到主流社会阶层的排斥，导致其难以享受人生正常水平的社会经济待遇而日益被边缘化，成为无援、孤独的社会群体，同时这种排斥能够通过社会的再造活动而在贫困群体中积累与传递。加里·贝克尔（BeckerGary）和奈杰尔·托马斯（Nigel Tomes）在1986年的研究中提出人力资本对贫困代际传递存在关键性的影响，他们认为父辈收入低下会增加其获取资源的难度，从而不利于其子辈人力资本的积累，这进而提高了子辈找到高报酬工作的难度，影响到子辈的工资收入，贫困也就在代际中形成了一种传递机制。同时，詹姆斯·S·科尔曼（James S. Coleman, 1990）还指出与非贫困的父母相比，贫困父母缺少与劳动力市场的联系，这就为后代未来的职业道路造成了阻碍。劳伦斯·M·米德（Lawrence M. Mead，1992）认为那些长期接受福利救济使得那些获得救济的家庭改变了价值观，家庭中父辈与子辈对福利救济的依赖导致这些家庭陷入贫困陷阱。

美国学者拉格纳·纳克斯（RagnarNarkse，1953）从国家层面对贫困代际传递研究做出了重大贡献。许多存在内在联系的恶性循环系列导致了发展中国家长期难以脱离贫困，在这些恶性循环系列中，贫困的恶性循环占首要地位。美国经济学家理查德·R·纳尔逊（RichardR. Nelson，1956）也提出了类似的“低水平均衡陷阱”理论。他认为，贫困具有自我维系的特点，发展中国家的人均收入通常处于刚刚维持生存的均衡状况，这是由于人均收入长期低于完美就业的收入理想值的时候，人口的增长会快于收入增长，从而抵消了收入增长甚至将人均收入拉回到维系基本生存的均衡水平上来。

对于贫困代际传递现象，国内的研究开始的较晚。早期沈红等（1992）提出分家析产制度是导致贫困代际传递的重要原因，农村贫困家庭每一次分家析产就会分裂出新的农村贫困家庭，开始新的贫困周期。关士续和尹海洁（2004）提出，贫困阶层中的青年和中年群体与其父辈在文化程度和职业类型两个方面的相对同质性很高，其中职业类型的同质性甚至高达86%，同时父辈的受教育程度越低将导致贫困的同质性越高。孙莹（2004）通过研究北京、兰州等城市里的低保家庭提出与普通生活水平的家庭相比，贫困家庭的子女对人力资本的积累难度更大，这导致在长时间内贫困家庭的子辈很可能陷入贫困的代际循环当中。综合开发国情研究中心主任丁四保（2006）认为，造成贫困代际传递的重要原因之一就是因教致贫或因贫而不能受教。谢勇（2006）则从人力资本出发对贫困代际传递进行研究，提出了由于资本市场不完善、人力资本投资过高但其投资又具有较高的收益报酬，那么父辈收入差异会引起子辈的人力资本情况存在差异，人力资本积累情况的差异又会导致子辈之间产生新的收入差异，这种循环发生在贫困家庭就形成了贫困在代际之间动态化、长期化的传递。2008 年，谢勇和李放对贫困代际传递进行了实证研究，实证结果证明了贫困家庭的父辈和子辈在受教育水平方面具有明显的传递性，在收入方面的传递性也较为明显。魏成龙、吴建涛（2006）的研究表明我国农村人力资本投资在人均纯收入方面的贡献率高达 62.38%，这说明提高农村居民的人力资本水平能够有效地改变农村落后的生产生活方式，增加农民收入，对于农村贫困家庭来说能够帮助其摆脱贫困的代际传递。王爱君和肖晓荣（2009）则提出，父辈的素质、受教育程度、性别及营养保健投资、遗传疾病等方面是影响贫困家庭贫困代际传递的主要家庭因素。

根据该理论，由于父辈或祖辈要素积累不足，导致子辈也可能会出现要素积累不足的问题，从而造成了贫困的传递。而“雨露计划”的实施则可以对贫困群体进行培训，使父辈或祖辈进入劳动力市场后能够获得较高的工资水平，充实父辈或祖辈的要素积累，使子辈的要素积累进一步提高，从而减少贫困的代际传递。贫困代际传递概念是于 20 世纪 60 年代初提出的，贫困代际传递就是指贫困以及导致贫困的相关条件和因素，在家庭内部由父母传递给子女，使子女在成年后重复父母的境遇——继承父母的贫困和不利因素并将贫困和不利因素传递给后代这样一种恶性遗传链；也指在一定的社区或阶层范围内贫困以及导致贫困的相关条件和因素在代际之间延续，使后代重复前代的贫困境遇。① 关于贫困代际传递产生的原因，一个代表性的观点是戴维·兰德斯提出的要素短缺论。该观点认为贫困的代际传递是对生产要素——土地、资金和劳动不能进行有效配置的结果。贫困人群缺乏资本、土地等生产要素，其所能够控制的生产要素主要是劳动。因此，用人力投入替代资金技术的投入，不断增加劳动投入来保证最基本生活消费需求，成为贫困人群再生产的基本模式。由于技术条件的限制，增加劳动投入的方法通常是延长劳动时间或者增加劳动人口。人口增加不仅直接降低生活水平，而且使得短缺的生产要素更为短缺，达不到正常积累点，贫困无法缓解，使贫困人群陷入贫困的恶性循环。② 根据上述“要素短缺论”的观点，贫困代际传递的原因在于贫困人群由于缺乏资本等生产要素，对生产要素的配置不良。要解决贫困的代际传递，一个有效的方法就是提高贫困群体对资本等生产要素的拥有量，提升贫困群体配置生产要素的效率，避免贫困群体仅通过单纯劳动力数量的投入进行生产的模式，从而提升贫困群体的要素积累水平，进而缓解贫困。

---

① 马新. 教育公平对切断贫困代际传递的作用 [J]. 现代教育管理，2009 (1).

② 李晓明. 防止贫困代际传递——中国反贫新目标 [J]. 宁夏党校学报，2006 (5).

## （四）人力资本与贫困及其代际传递的关系

20 世纪 60 年代以后，人力资本理论在西方迅速发展，为贫困问题研究提供了一个全新的视角，越来越多的经济学家也开始从人力资本的角度对收入不平等的代际间变动进行研究。人力资本理论大大拓展了贫困的内涵，与过去仅从外因解释贫困的发生不同，人力资本理论从贫困的内因出发对贫困的根源做出解释。根据人力资本的视角，贫困群体由于人力资本不足导致能力的缺乏，进而增加了其获得高报酬职业的难度，大多只能选择那些重要性较低、报酬较低、工作条件较差的工作。从这个角度来看，通过对贫困家庭进行人力资本投资能够提高他们的收入，帮助贫困群体摆脱贫困，打破贫困在代际中进行传递。舒尔茨提出“土地并不是使人贫穷的主要因素，而人的能力和素质却是决定贫富的关键”，他认为国家之所以陷入贫困且难以摆脱的根本原因是人力资本的匮乏以及对人力资本投资的忽视，而不是物质资本的缺乏，其中对教育方面的投资至关重要。贝克尔与托马斯（1979）在《收入分配与代际转移的均衡理论》中提出了不平等与代际转移的理论，并于 1986 年在《人力资本与家庭兴衰》一文中建立发展了收入、资产和消费从父母到后代子孙的转移模型，模型阐明了人力资本投资、物质财富的转移和跨代消费的演进之间的相互影响。齐默尔曼（Zimmerman，1992）认为个人在一定程度上“继承”了父母在收入分配中的位置，对于这个问题的回答是“平等机会和经济正义的争论基础”。认为贫困除了表现在收入低下之外更为实质的是提升收入能力的缺失，这些能力包括以教育、健康等形式存在的人力资本，这些能力的缺失造成贫困发生的同时也是贫困的结果。赫伯特 · J · 甘斯（Herbert · J · Gans）则提出了功能贫困理论，他认为贫困是社会存在的一种必需的功能与需要，由于社会中存在各种重要性不同的职位，同时个人的天赋、素质与能力也存在差异，因此，在效率优先的法则下，社会会将那些重要职位分配给天赋、素质与能力较高的人，这些职位通常会为这类人带来丰厚的回报，而那些不那么重要的职位带来的报酬相应较低。因此，从甘斯的观点来看，贫困者的贫困主要是因为其自身天赋、素质与能力不够，但是又不愿意通过教育、培训等方式改善。

随着人力资本与贫困相关研究理论的发展，对于人力资本与贫困及代际收入流动的微观实证研究也不断深入。艾德和肖沃尔特（Eide and Showalter，1999）应用分位数回归的方法估计了代际收入流动模型，当把教育年限纳入回归方程后，家庭收入的系数降低了 50%，这表明了教育解释了很大一部分的代际收入相关性，同时，他们还发现教育在收入分布的底端来说更有价值。罗伯特·默顿·索洛（Robert Merton Solow）在《劳动力市场的代际流动》一文中提出，一个家庭中父辈对子辈的人力资本投资汇报、收入的重视程度、禀赋代际转移强度以及禀赋运气和市场运气的方差相关值决定了这个家庭代际流动的程度；2004年，索洛改写了贝克尔与托马斯的模型，使其适合于实证估计中广泛采用的对数-线性代际收入回归；2006年，他提出子辈的收入是对其人力资本的回报，而子辈的人力资本包括在代际中传递的相关禀赋——收入相关的遗传特征及文化传承，同时人力资本的投资不仅依靠父辈对子辈的投资，还要依靠政府的公共投资。黑琦和汗（Kurosaki and Khan，2001）通过对巴基斯坦农村进行研究证明了人力资本能够有效地缓解贫困，在其中教育的作用尤其显著。萨缪尔·鲍尔斯（Samuel Bowles）和赫伯特·金蒂斯（Herbert Gintis）在2002年构建了代际收入相关路径分解模型，将代际收入相关系数分解成反映不同影响机制的部分，并估计了各部分对代际传递的贡献率，此后许多学者采用这一模型，将人力资本分解为教育、健康等几个重要方面对人力资本影响贫困代际传递的机制和影响程度进行研究。国内在这方面的研究并不多见。除了前述的谢勇在2006年的理论研究和2008年的实证研究之外；赖德胜（2000）认为教育是影响贫困代际传递的重要因素，由于不同家庭的收入水平存在差异，导致这些家庭对子辈进行教育投资的能力不同，这一差异使得社会财富和家庭收入的不平等能够通过教育途径在代际之间进行传递；郭从斌、丁小浩（2005）提出由于中国分割的劳动力市场导致职业类型存在代际传递效应，通过强化教育等人力资本的投资能够有效地打破这一代际传递效应；郭从斌、闵维方（2007）的研究结果表明，中国城镇居民的收入存在较为明显的传递效应，多数子辈依然滞留在与父辈相同的收入群体当中。

## 四、研究方法

本研究以贫困地区实施的“雨露计划”这一专项扶贫政策为研究对象，在研究方法上，融合了过去传统研究方法与本研究所需要的其他研究方法于一体，体现研究、分析工具全面的同时，更加突出研究方法的专业性和创新性。

典型案例研究与理论研究相结合：本研究的结论是建立在案例研究上的，因此，案例研究与理论研究相结合是本研究首要的研究方法。在理论研究中，重点是对贫困地区实施“雨露计划”的共性成效、经验、问题的总结与成功模式的提炼，同时发现理论的盲区和现有研究成果中尚不全面的内容，包括对少数民族地区特殊性的认识不足，对整村推进方式方法对少数民族地区的适用性等。这些都是案例分析所要关注和探求的内容。通过调查问卷、深入访谈、专题座谈会等形式获得第一手资料，结合既有研究成果和监测数据再进一步进行理论的提炼、详细的总结与分析，形成新的、有助于完善现有研究理论体系的新观点、新见解和新结论，形成从理论到案例，又从案例回到理论的循环提升过程。

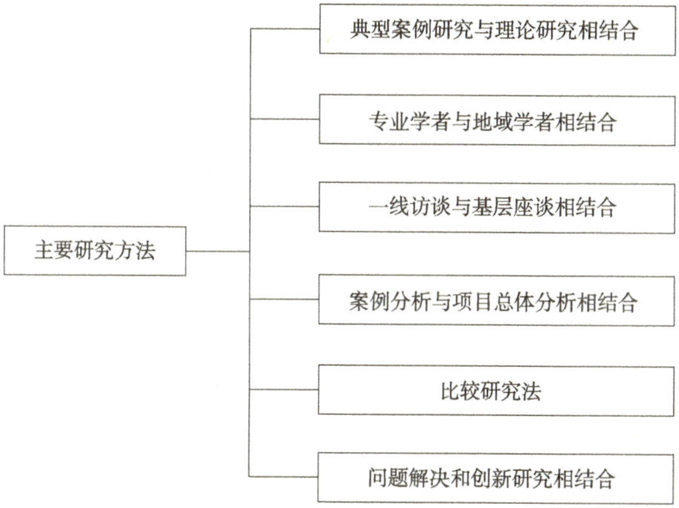


**图 0-1 本研究拟采用的研究方法**

专业学者与地域学者相结合：在“雨露计划”专项扶贫政策研究的过程中，实际关系到两种学科与专业的交叉，一种是地区性和集中性的学科，另一种是从类别入手的专业学科划分，即此项研究主题，关联了社会学、经济学、教育学、管理学等多种不同学科，易于形成多学科交织下的观点共鸣。为此，本研究在组成人员上，拟采取兼容并包的组织策略，有的学者擅长通用的、广泛性的共性研究，有的学者在地区性、差别性研究上更有优势；有的学者研究背景为经济学，擅长经济学分析问题的方式方法，有的学者其研究背景为社会学，擅长社会学思考问题的路径方式，还有的学者具有教育学科背景，是某一领域的公认专家，因此，这种多学科交叉的组织人员结构所体现的，保证了项目研究的多维视角和综合、系统分析。

一线访谈与基层座谈相结合：因本次研究的重点内容之一是要客观评价“雨露计划”实施的成效及存在问题，因此数据采集和调研任务艰巨，内容繁多。同时，为更好地保证调研成果的真实性与客观性，我们采取一线访谈和基层座谈相结合的方式（包括政府部门、培训机构、项目受益群体）。通过一线访谈，切实了解已经参与过“雨露计划”群众的感受、反应，获得一线资料；通过基层座谈，了解“雨露计划”实施的内容、方式、群众受益情况等，这样将一线访谈这种“个案”

与基层座谈的“共性”结合起来，将会形成相对客观、真实的调研结果。

案例分析与项目总体分析相结合：我们认为，案例分析和课题分析的维度与深度都不一样，案例分析是个案分析，是具体分析，是特殊性分析，需要翔实、丰富、一手资料偏多一些。而课题分析则是建立在案例分析的基础上，又融合了其他理论成果和共性内容提出的观点与内容，它源于案例分析但又高于案例分析，是共性分析的体现。因此，将案例分析与课题分析结合起来，就能够兼顾“个”与“共”的双方面特征，使得研究本身既有针对性又有广泛性，为决策提供较为丰富的参考。所以，本研究的课题分析将建立在案例分析基础上。

比较研究法：东、中、西部经济发展水平不同，不同的贫困地区致贫原因不同，群众所具备的发展基础不同，所以各地在实施“雨露计划”过程中，所采取方式、方法以及实施内容等均有所不同。我们在案例选取过程中将兼顾区域因素，不同经济发展水平区域将分别选择典型地区进行调研，详细分析、对比，不同地区在实施“雨露计划”过程中采取的方法、资金安排、工作去向，并深入受益群众工作单位进行实地访谈了解，形成详细的调研数据和访谈资料，通过对比研究，总结出各地区在实施“雨露计划”过程和效果的异同。

问题解决和创新研究相结合：发现“雨露计划”实施过程中的问题，旨在提出解决方案并提出新的研究内容。本次研究将问题解决和创新研究结合起来，一方面重在发现现存问题并就如何解决给出政策建议，包括宏观与微观两个层面。另一方面也在问题发现的基础上，提出新的研究内容，便于将理论研究与实践更好地结合起来，增强理论对实践的指导性。

应该说，本研究立足权威部门监测数据和实际调查数据，并积极借鉴各案例报告的优势，以理论为引线，用数据作为支撑，来总结分析研究的问题。从理论上讲要掌握全面情况，应该对实施“雨露计划”的地区进行全面、详细调查。但由于时间、资源有限，课题组拟采取典型案例研究方法，根据研究方案课题组综合考虑了经济发展水平、地域分布、“雨露计划”实施时间、自然条件、生产生活方式、贫困的特殊性等因素，选择的案例都将具有一定的代表性，这些案例虽然不能代表全部，但是多少可以反映出调研地区“雨露计划”实施的情况及基本成效。

同时，本研究的规范研究和实证研究是相辅相成的，规范研究以实证研究为基础，实证研究为规范研究提供理论依据。本文通过对案例地区的实际调查、走访和理论分析，坚持规范研究和实证研究相结合，从案例的代表性出发，从中总结出总体性的一般规律。本文通过对“雨露计划”这一专项扶贫政策进行实证研究分析，力争对“雨露计划”实施效果进行全面评估，认识“雨露计划”专项扶贫政策存在的问题，并进行全面分析；并通过规范的理论、科学的建议详细说明在新阶段改进“雨露计划”的措施和建议。

## 五、研究内容与框架

为了尽可能全面反映“雨露计划”的实施成效、存在的问题，总结已有的成功模式和未来面临的挑战，在研究内容上力求全面，在研究思路上集思广益，既符合科学性的要求，也力求有所创新。

### （一）研究内容

“雨露计划”的实施内容包括4大类9个项目：中等职业教育，即资助贫困人口就读中等职业学校项目；劳动力转移，包括贫困劳动力半年期转移培训项目、贫困村季节性务工培训项目；实用技术培训包括贫困村农业实用技术培训项目，贫困村“三个一”培训项目（一村一名大学生村官、一名技术员、一名经纪人），贫困地区创业培训项目；政策业务培训，包括贫困村支部书记培训项目，贫困乡党政领导干部培训项目，扶贫干部业务培训项目。

根据研究设想，本研究内容包括理论研究现状、“雨露计划”概况、“雨露计划”实施成效分析、成功模式分析、对人力资源与城镇化发展的影响分析、未来挑战、对策建议和比较案例分析。具体章节内容分布如下：

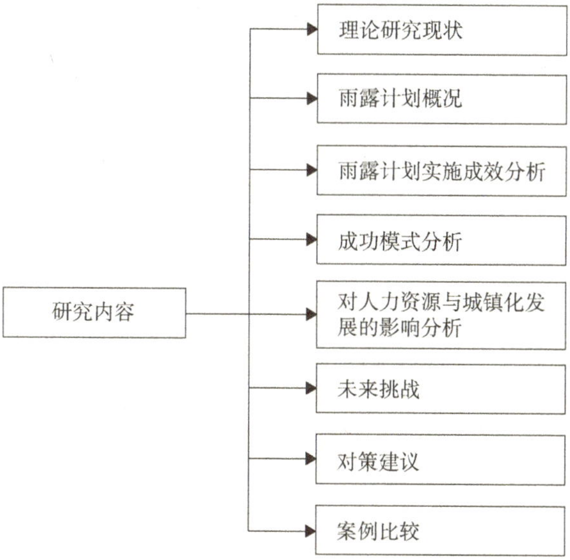


图0-2 “雨露计划”实施成效评价与对策建议研究的主要研究内容

第一部分、总报告：

导言。本部分主要是针对本研究做一基本介绍，主要对本研究的背景、目的和意义、理论基础、分析框架进行介绍，指导以后章节的方向。

一、“雨露计划”的相关研究。这个章节主要是通过查阅文献，总结目前有关“雨露计划”的理论、实证研究进展，掌握可借鉴的研究方法，为丰富本项目的理论研究提供基础和依据。

二、“雨露计划”概况。这个章节主要工作为搜集中央和地方政府的“雨露计划”相关文件和资料，详细介绍我国扶贫开发过程中实施“雨露计划”专项扶贫政策的具体内容、目标群体、实施方法、机构设置以及政策支持等内容，从整体上对“雨露计划”进行概括性介绍。

三、“雨露计划”实施成效分析。该章节将在建立“雨露计划”实施效果评估指标体系的基础上，以深度访谈和问卷调查所获得进行信息为依据进行主观、客观的分析，从而辨识“雨露计划”的效果和问题。

四、新县“雨露计划”项目运行模式分析。该章节将主要以深度访谈和相关材料为基础进行以规范性分析为中心的总结研究，从具体赴河南新县调研的具体的材料中总结归纳新县实施“雨露计划”的成功模式，分析新县“雨露计划”实施模式的特点，为“雨露计划”的实施提供借鉴。

五、“雨露计划”对人力资源建设及城镇化发展的影响。本章节主要以“雨露计划”影响为出发点进行后续评估，其中人力资源建设方面的影响研究将主要从对受培训者个人的微观方面出发进行总结分析，而对城镇化发展的影响将更主要的从城镇化的宏观方面出发进行系统研究。

六、挑战及对策。这一章节主要包括完善“雨露计划”过程中面临的挑战和相应的对策建议两个部分。对于“雨露计划”进一步实施过程中所面临的挑战进行总结分析，从而在此基础上进行整合，从多个角度提出促进“雨露计划”进一步实施的对策和建议。

第二部分、案例报告：

本部分通过贵州和新疆南疆两个地区的案例作为比较和补充，完善“雨露计划”项目实施模式分析，更为全面地解读“雨露计划”实施过程中存在的问题、得到的经验和高效创新的特色模式。

案例一、贵州省“雨露计划”实施模式创新案例研究。

案例二、边疆民族地区农村劳动力资源有序开发案例分析——以新疆维吾尔自治区南疆地区为例。

### （二）本研究的分析框架

本研究旨在十八大精神和新纲要的指导下，通过归纳总结现有文献资料和在典型地区实施实地调研、访谈与问卷调查，了解“雨露计划”的实施情况，总结“雨露计划”实施的经典案例，尝试通过建立相关指标体系对“雨露计划”的实施效果进行评估，并结合我国贫困地区的具体实际，提出进一步完善“雨露计划”的思路与对策。

具体而言，本研究以贫困地区实施的“雨露计划”这一专项扶贫政策为研究对象，具体研究目标在于建立相应的指标体系，全面的评估“雨露计划”的实施效果及其对人力资源建设和城镇化影响、总结“雨露计划”的成功经验、分析“雨露计划”实施过程中的问题、总结分析“雨露计划”成功案例、归纳“雨露计划”进一步实施过程中遇到的挑战、提出相应的对策等方面。

整体的分析框架可用图 0－3 表示：

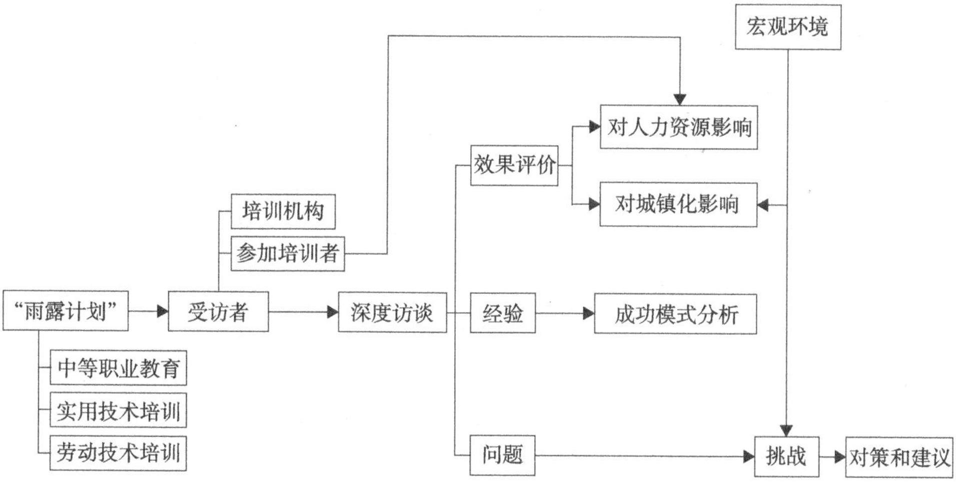


**图 0－3　本研究的分析框架**

## 六、研究思路

在研究思路上我们整体划分前期准备、调研、报告撰写、研究成果宣传等 4 个阶段，各阶段又将包含不同的具体工作内容。

第一阶段：前期准备。该阶段主要包含完成理论研究综述、制定详细的项目建议书、完成调研问卷设计工作、列出须调研部门提供的材料清单等 4 项工作内容。

（1）完成理论研究综述。项目确定实施后，搜集已有的研究文献，根据需要完成一份关于“雨露计划”理论研究综述。

（2）制定详细的项目建议书

根据研究需要和项目的实施需要，编写一份详细的“雨露计划”实施成效评价与对策建议研究项目建议书，对项目研究的必要性、意义，研究内容、研究方法、具体思路，研究团队成员组成，调研地点的选择、调研计划，研究成果形式与研究成果推广，经费预算等内容进行详细阐述。

（3）完成调研问卷设计工作

问卷设计包括政府部门、培训机构、村干部、“雨露计划”扶持对象4类问卷。

（4）列出须调研部门提供的材料清单

为了详细了解调研地区“雨露计划”的实施情况，只是进行座谈、问卷调研等还不够全面，需要有关部门提供一些详细的数据或有关书面材料，为了统一整理材料的需要，我们将列支一个详细的清单，以求调研部门提供支持。

第二阶段：调研。调研分为5个调研小组，各小组调研方式和调研内容一致。调研内容分为问卷调查和访谈（座谈）两种形式，问卷调查主要针对政府部门、培训机构、村干部、“雨露计划”扶持对象，调研各环节均有不同形式的访谈（座谈），对于接收单位的调研将采用访谈的形式。

（1）政府部门。对政府部门的调研主要是取得一些本地实施“雨露计划”的有关数据材料，如资金投入、设立培训机构（基地）、培训人数等情况，拟采取问卷调研和访谈相结合的调研方式，并根据材料清单收集相关文件或通知的书面材料。

（2）培训机构。培训机构是实施“雨露计划”的核心，对培训机构的调研能够全面掌握在实施“雨露计划”过程中，对群众的培训过程中面临的困难以及对政府有关政策需求，拟采取问卷调查和访谈相结合的调研方式，详细了解机构资金来源、培训人员待遇、“雨露计划”扶持对象就业等情况。

（3）村干部。村干部是基层组织、宣传“雨露计划”的核心人员，拟通过问卷调查和访谈相结合的调研方式详细了解村干部在宣传动员贫困群众是采取的方式、方法以及在分配有限资源时面临的困难，并询问对今后实施“雨露计划”有何想法或建议。

（4）“雨露计划”扶持对象。“雨露计划”扶持对象是最终的受益者，“雨露计划”的成效如何主要看受益者的评价和满意程度。拟采取问卷调查和访谈相结合的调研方式详细了解受训人员对资金安排、培训内容、培训方式、就业安置等方面的满意度和意见，以全面掌握“雨露计划”的实施成效及存在的问题，了解大家新的需求和改进“雨露计划”的有关想法或建议，为研究报告的撰写提供支撑。

第三阶段：撰写报告。本阶段主要包括整理调研材料、确定报告提纲、完成报告初稿、召开专题研讨会完善报告、校外专家评审、报告提交有关单位等6项工作内容。

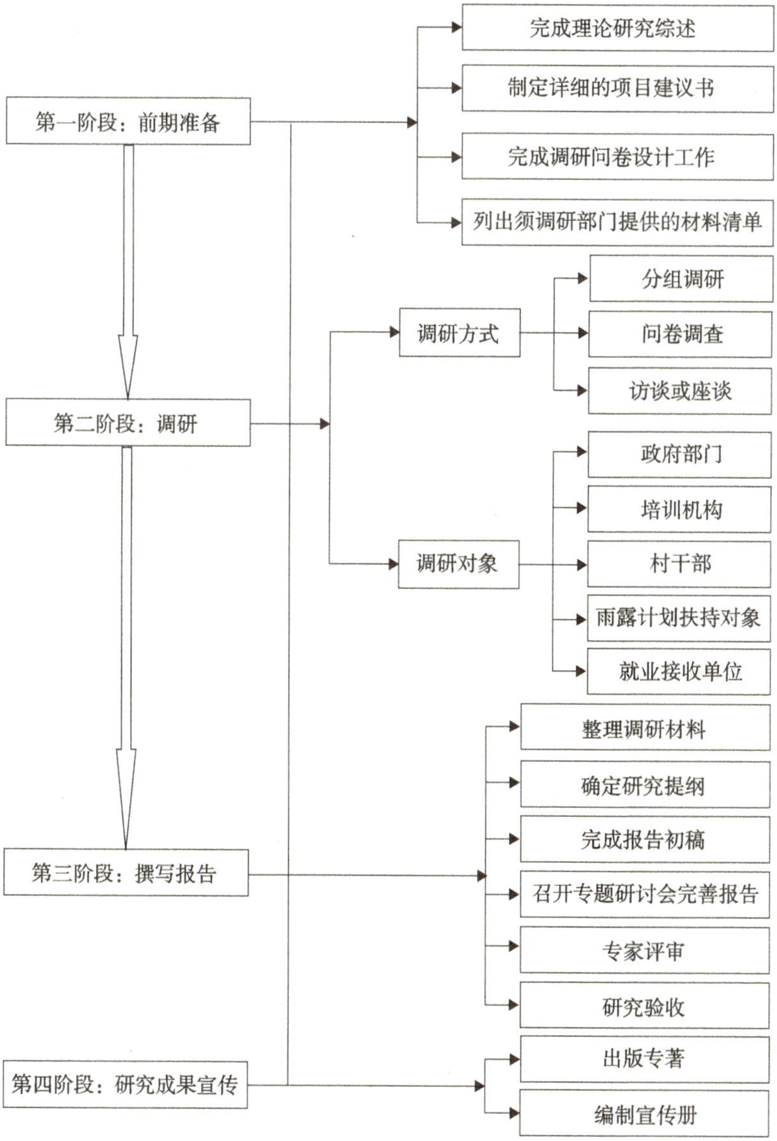


图0-4 “雨露计划”实施成效评价与对策建议研究思路示意图

（1）整理调研材料。汇集各调研小组材料和调研问卷。把调研过程中的录音资料整理成文稿与收集的文字材料、图片等统一汇编成册；完成问卷统计和基础数据分析，同时和监测数据进行初步对比。

（2）确定报告提纲。根据调研掌握的情况以及调研数据和监测数据的初步对比分析，召开一次小范围的讨论会，结合先前确定的研究方法和研究内容确定报告撰写提纲。

（3）完成报告初稿。根据报告提纲，完成报告的初稿撰写工作。

（4）召开专题研讨会完善报告

初稿完成后，为了对研究报告进行提升和完善，课题组将邀请扶贫部门有关领导、社会学专家、民族学专家、教育学专家、经济学专家、管理学领域权威等共同召开一次专题研讨会，从多学科、多角度出发，为研究成果提出全面的修改意见，课题组将根据专题研讨会专家意见对报告进行修改。

（5）校外专家评审

吸收专题研讨会专家意见以后，为了进一步突出研究的专业性，保证研究的严谨性，我们将会把修改后的报告再次呈送校外各专业领域权威进行评审，并认真收集整理各位专家、权威学者对报告的评价和修改意见，以求最大程度地完善研究报告内容、提升报告质量。

（6）报告提交

在吸收专题研讨会、校外专家评审意见后，我们将把研究成果呈报主管“雨露计划”有关单位和领导，同时也将提交各基层扶贫部门及有关领导，认真听取“雨露计划”组织者和实施单位的想法和建议，进一步增强报告的实际意义，完善意见的全面性、提升对策建议的实际可操作性。

第四阶段：研究成果宣传。该阶段包括出版专著和编制宣传册两项工作。

为了扩大研究成果对理论界的影响，丰富理论研究成果，吸引更多的专家、学者关注并深入研究“雨露计划”，在研究成果质量过关的前提下，我们拟通过出版专著方式进一步规范和宣传研究成果。

# 第一章　“雨露计划”研究综述

尽管贫困人群的人力资本建设一直是国际和国内学术界关注的重点之一，但就中国“雨露计划”而言，由于实施时间较短以及实施方式等原因，目前理论界对“雨露计划”关注点主要集中“雨露计划”效果、实施模式、面临问题与对策等方面。

## 一、“雨露计划”效果研究综述

“雨露计划”效果进行的分析还主要是针对“雨露计划”传统项目——农村劳动力转移培训和农村实用技术培训来进行的，对“雨露计划”改革试点工作的效果分析由于实施时间不是很长相对较少。

### （一）对“雨露计划”的扶贫效果形成共识

总体来看，“雨露计划”培训效果显著，表现在“就业相对稳定，贫困家庭人均纯收入增加明显，创业意识和创业行动有显著提升”①。

1. “雨露计划”培训效果明显，“转移一人，脱贫一户”目标相当普遍。大量的调研表明，由于“雨露计划”是一项瞄准贫困群体的提升劳动技能和专业技术水平的培训，直接目的就是使贫困人群获得就业能力，进而达到稳定就业收入能力提高。如据贵州省扶贫办对“雨露计划”监测汇总数据显示，“十一五”期间，贵州省通过“雨露计划”培训使得农村贫困地区劳动力转移的就业率达到了84%，2007~2010年人均年工资收入超过1.5万元，2010年经过“雨露计划”培训成为初级技工的农村贫困劳动力的年人均工资收入1.99万元，明显高于人均纯收入2300元贫困线标准，实现了“转移一人，脱贫一户”目的。

2. “雨露计划”扶贫效果明显高于扶贫资金扶持平均水平。资料显示，2006

① 胡跃明. 对深入推进“雨露计划”组织实施的几点认识［J］. 老区建设. 2008（1）.

年到2011年底，通过“雨露计划”，国家给培训者每人提供600—1500元培训费资助，中央和地方共投入培训资金达61亿元，“有近1600万人接受了培训，包括职业技能、创业和农村实用技术培训，1－2年后就实现了一人就业，全家脱贫，有效地阻断贫困代际传递发生的效果”①。以此推算，假如按人均1000元资助标准进行财政补助，则“每万元可支持10个贫困劳动力参与贫困劳动力转移培训项目，就可带动40个贫困人口脱贫”②。而“我国国家级贫困县每万元扶贫资金扶持的贫困人口仅为1.34个”③，“雨露计划”扶贫效果是后者的30倍。

## （二）“雨露计划”提高了受训者就业的稳定性

研究结论显示，“参与‘雨露计划’相关培训的农村劳动力与未参与‘雨露计划’培训的人员相比，就业相对稳定”④。主要原因之一归功于“雨露计划”采取了与传统方式不同的劳动力输出模式，即由培训机构统一组织劳动力输出就业⑤。显然，一方面，通过培训机构来联系安排就业，且因“雨露计划”培训基地，联系安排就业的企业多数相对的工作环境较好、工资福利待遇有保障，“培训机构有责任帮助协调和解决雇佣双方的纠纷，这就为‘“雨露计划”’学员在企业稳定工作提供了环境保障”⑥。另一方面，“雨露计划”培训时间虽较短，但“雨露计划”内容包括了军训、引导型培训和技能培训等等。使受训者无论观念还是技能都有很大改变，而且“能够适应企业生产要求，也有利于继续深造，从而得以在企业长期就业”⑦。

## （三）“雨露计划”激发了受训人员创业意识和冲动

大多研究者普遍认为，“雨露计划”培训使受训人员在“得到技能技术培训同时，也开阔了眼界，更新了观念，为创业打下了基础”⑧。以农业实用技术培

① 黄承伟.“雨露计划”实施方式改革试点回顾与总结.

② 中国国务院扶贫办政策法规组.“雨露计划”的做法与成效 http：//www.iprcc.org.cn/ppt/2007－12－20/1198127188.doc.

③ 汪三贵，李文，李芸.我国扶贫资金投向及效果分析［J］.农业技术经济.2004（5）.

④ 勋西县扶贫办.郧西县“雨露计划”工作总结.http：//www.yxfp.gov.cn/gongzoudongtai/ShowArticle.asp.

⑤ 中国国务院扶贫办政策法规组.“雨露计划”的做法与成效 http：//www.iprcc.org.cn/ppt/2007－12－20/1198127188.doc.

⑥ 江西省吉安市扶贫办.科学推进“雨露计划”［J］.老区建设.2008（13）.

⑦ 余蓉，王可忠.推进“雨露计划”实施促进扶贫就业开发.经济导刊研究。2008（7）.

⑧ 孙希章.中国扶贫开发机制创新研究［D］。山东农业大学.2008.

训为例，农村贫困劳动力接受“雨露计划”培训后，掌握了一门以上农村实用技术，“绝大多数学员可以在农业领域创业或扩大生产规模，取得了良好的经济效益，脱贫或致富，并通过扩大生产过程带动周边贫困人群共同脱贫致富”①。

### （四）“雨露计划”改革试点的资金运行管理相对规范

为了确保“雨露计划”资金安全，消除补助资金因最初是向培训机构发放出现的套取补助资金的现象。近几年国家在实施“雨露计划”采取了“一卡通”方式将补贴资金直补到户，减少了中间环节，增加了透明度，确保了资金补助顺畅，从根本上避免了财政扶贫资金中转过程中截留、挪用及其他流失等问题，确保了资金的安全。根据湖北省扶贫办、甘肃省扶贫办和湖南省扶贫办等在本省2011年、2012年“雨露计划”改革试点工作进行调研后认为，由于采取了直补到户的方式，“雨露计划”补贴资金没有出现套取、挪用现象。

## 二、“雨露计划”实施模式研究综述

经过几年实践，我国“雨露计划”实施模式形式多样，如湖北省最初就有“劳务派遣模式”“校企合作模式”“企业出资模式”“工读结合模式”“就地转移模式”等②。随着“雨露计划”实施，不同地区也根据自身特点创新出了很多各具特色的实施模式，在此，我们介绍3种具有区域性特点的实施模式。

### （一）基地规模化、模式多样化的湖北模式

湖北作为最早实施“雨露计划”的省份，构建集团式区域培训网络，形成基地的规模化和优化创新培训模式，使“雨露计划”模式多样化是湖北“雨露计划”实施工作的特点。

1. 构建集团式区域培训网络，建设规模化培训基地。湖北省在“雨露计划”的实施中，通过扶贫办与教育、劳动等“雨露计划”培训基地主管部门间进行合作，将培训资源进行整合，构建集团式区域培训网络，形成基地的规模化优势。具体而言，湖北省在省级示范基地的基础上以省级示范基地为核心，网络部

---

① 魏毅，彭珏．“授人以渔”：赋能式扶贫开发效果分析——基于重庆市“雨露计划”培训学员的回访[J]．农村经济．2012（2）．

② 洪绍华．“雨露计划”加快转移脱贫进程——写在“雨露计划”实施一周年之际[J]．老区建设．2007（1）．

分安置企业和苏州英格玛等人力资源中介组织，组建了“湖北雨露职业教育集团”。集团是由承担和参与实施“雨露计划”的职业教育机构和相关企事业单位自愿组成的、跨地区跨行业和多种所有制并存的非营利性职业教育联合体。集团对成员单位做到“八个统一”，即统一安排“雨露计划”任务指标、统一培训教学质量规范、统一实验实习基本要求、统一技能培训收费标准、统一扶贫帮困助学机制、统一雨露劳务品牌包装、统一就业维权跟踪服务、统一转移培训考核评估。① 通过建立“雨露计划”培训体系，湖北省使“雨露计划”培训机构形成了合力，通过集团化的发展促进了“雨露计划”的实施。

2. 优化创新培训模式，使培训模式多样化。湖北省在“雨露计划”具体实施中，采取多种培训模式，使“雨露计划”的培训呈现多元化的特点。湖北省采取的培训模式主要有：② （1）“贷款培训、劳务派遣”模式：该模式下贫困学员通过专项贷款完成计划培训，由中介机构把学员派遣到不同的企业，学员以工资偿还贷款；（2）“校企合作、订单输出”模式：该模式的特点是校方按照企业用工标准招收学员，进行订单、定点、定向培训，培训合格后直接按订单安排到用人单位就业；（3）“企业出资、定点就业”模式：通过该模式，由企业提供培训费用，招收被企业农村贫困家庭子女并定向本企业就业；（4）“工读结合、半工半读”模式：本模式是指贫困学员在校学习一年，再到企业实习一年（发实习工资），实行“边训、边工、边挣钱”。

在以上模式的基础上，针对农村贫困人口培训经费困难的情况，湖北省进一步实施了零学费入学与勤工俭学相结合，保障学习与生活的“零学费培训”模式和 融入社会扶贫资源助学，开展贫困劳动力免费转移培训的“社会力量资助培训”模式。

## （二）“政府扶助＋工学交替”的湖南模式

湖南“雨露计划”采取的“政府扶助＋工学交替”培训的模式，根据这一模式，政府对“雨露计划”的参与者进行适当的补助，通过校企合作，“以半工

---

① 湖北省扶贫办. 大力实施“雨露计划”加快扶贫开发进程. http：//www. hbfp. gov. cn/fpkf/yljg/3324. htm.

② 本部分改编自：湖北省扶贫办. 林全华同志在全省“雨露计划”年度考核工作汇报会上的讲话 http：//www. hbfp. gov. cn/ldgd/lqh/3452. htm 和湖北省扶贫办. 许业富同志在全省贫困地区农村劳动力转移培训“雨露计划”研讨班上的讲话 http：//www. hbfp. gov. cn/fpkf/yljg/3320. htm.

半读的形式，有效地解决了贫困农民贫困与求学、学历与就业等矛盾”。①

1. 模式的概况：该培训模式学制为3年，培训合格颁发普通中专毕业证书。每学年实行“工学交替”，第一学期为学习学期，进行“政府扶助”，学生利用政府提供的资助在校学习培训；第二学期为工作学期，通过与企业合作，安排学生到订单企业进行顶岗实习，企业提供食宿并发放工资，“学生依靠自己实习劳动所得，解决学习期间的大部分学杂费、生活费及其他支出，以完成三年的学业。学员在培训合格后拿到文凭，毕业后直接到企业参加工作”。②

2. 模式的优点：该模式以“政府扶助、学校培养、学生自力、企业合作”的方式，使多方受益：一是在不增加投入的情况下，使政府有限的扶贫资金得到最大限度地延伸，能确保扶贫资金的使用安全，发挥最大的效益。二是通过学校学习与企业工作两个不同阶段体验，有利于学生理论知识与企业实际相结合，使学员与企业有了直接联系，学习期间可以有针对性地学习，毕业后可以直接到对口企业工作，可以大大提高学员职业技能和职业素质以及就业竞争能力，有助于提升农民转移就业后工作质量；三是“学生通过劳动赚取学费和生活费继续下一阶段的学习，可以切实减轻贫困家庭的经济负担。同时，通过辛勤劳动完成学业，可使学员更加珍惜来之不易的学习机会，提高他们学习的积极性”。③ 四是可以解决部分企业员工短缺的问题。此外，“政府扶助+工学交替”培训模式作为一种中长期培训，解决了短期培训中存在的只能够解决低层次的劳动技能问题，却不能培养具有高素质的劳动群体，培训对象较难进一步适应现代工业化和城市化需要的问题。该模式对于学员来说，也是一个角色转换的过程，使这些学子真正完成了角色转换，他们才能转变自己的人生命运，他们的家庭才能提高收入，实现脱贫，并且彻底摆脱贫困的代际转移。

### （三）建立多层次培训体系的贵州模式

贵州省“雨露计划”的实施模式依据市场需求，按照不同行业要求，建立了多渠道、多层次、多形式的培训机制，以满足当地农业建设和劳动力转移培训要求。贵州省“雨露计划”的培训机制主要包括涉工培训和涉农培训两个方面

---

① 湖南首创“工学交替”教育扶贫新模式. http：//gov. hnedu. cn/show/33447. html.

② 洪绍华.“雨露计划”加快转移脱贫进程——写在“雨露计划”实施一周年之际［J］. 老区建设. 2007（1）.

③ 黄兴华.“工学交替”能否拓展农民兄弟的命运空间 http：//www. ce. cn/cysc/agriculture/gdxw/200907/24/t20090724_ 19489301. shtml.

以及“初级工培训、劳动预备制培训和农业实用技术培训这三个层次”。[①] 此外，贵州在“雨露计划”的实施中还加强对“雨露计划”的监管，采取相关措施保护受训学员权益。

1. 贵州“雨露计划”培训三个层次。（1）初级技工培训：在初级工培训过程方面，贵州省扶贫办选择认定培训能力较强的职教院（校）为教学点，开设市场需求量大的车工、数控车工、餐厅服务员、电子装配工、电工、缝纫工、焊工等7个工种的培训课程，并由劳动技能和安全生产等部门对参与培训的人员进行考试，合格后颁发中、初级技工或特种行业上岗证书。为了实现满足企业用工需求和学员顺利就业，在培训方式上采取实施由企业“招工+培训+就业”的“三位一体”培训模式，由政府购买培训成果，实行“谁用工、谁培训、谁享受补贴”。（2）劳动预备制培训：在劳动预备制培训方面，对农村贫困家庭的子女进行中长期教育培训。通过实施““雨露计划”·圆梦行动”，按每人4000元标准，一次性资助5000名全日制二本以上院校录取的农村贫困学生进入大学学习。并同时实施“雨露计划·助学工程”，按每人每年2000元标准，持续资助1—2年，帮助5000名农村贫困户初、高中毕业生，进入24所省内中高等职业技术院校“雨露班”，接受中等职业教育。同时，根据国务院扶贫办的安排，在威宁、大方、纳雍开展“黔深雨露直通车”试点，资助500名农村贫困家庭子女到深圳接受职业教育。实行异地培训，异地就业。（3）农业实用技术培训：在农业实用技术培训方面，针对产业扶贫项目和特色产业项目的需要，开展各种实用技术培训，将农村劳动力转移培训与地方优势产业发展相结合。贵州省结合本省山地农业的特点，在9个市（州、地）和威宁县迤那镇各建立1个扶贫培训基地，重点培训乡、村农业技术员和贫困群众。为每一个草地畜牧养殖科技扶贫户和茶叶种植专业户各培训1名技能人才。为贵州省草地畜牧养殖科技扶贫项目和茶叶产业建设项目提供技术人才保障。

2. 建立“培训—学员—用工企业”三方协议及“用工、定向培训、资金政策和培训绩效”四衔接机制 为了保护学员权益，做好“雨露计划”的监管工作，贵州省采取扶贫办与培训基地、培训基地与培训对象、培训基地与用工企业“三个合同”的办法，“建立农村劳动力资源台账、工业园区企业用工需求台账及职业培训机构管理台账制度，督促工业园区企业与农村劳动力签订劳动合同、职业

① 贵州省扶贫办. 贵州省“雨露计划”实施成效明显 http：//www.cpad.gov.cn/publicfiles/business/htmlfiles/FPB/s6369/201108/172761.html.

培训机构与工业园区企业签订定向培训合同，以实现劳动用工、定向培训、资金资源及政策、就业培训绩效评估四项工作的对接”。①

## 三、“雨露计划”实施中面临的问题综述

“雨露计划”在通过人力资本投资实现农村贫困人群脱贫的同时，在具体实施中依然存在诸多问题制约了“雨露计划”既定目标的实现。相关专家和扶贫工作者认为“雨露计划”在实施过程中的问题主要集中以下6个方面：第一，补助标准偏低，与贫困家庭的承受能力仍有较大的差距。“雨露计划”劳动力转移培训项目的资助标准为3个月补助每人600元，6个月补助每人1000元，一年期培训补助每人1500元，享受改革试点的对象每人每学年补助1500元，且资助金额用以抵交学费或直接发放给相关家庭。“虽然资助水平能够缓解贫困家庭的学费负担，但学费和物价的上涨则在一定程度上会部分抵消资金的补助作用”。②第二，“雨露计划”培训出现条块分割现象。目前，“雨露计划”还没有形成一个全国性的培训体系，培训工作以各省（市、自治区）为单位开展，在各省级区域，甚至在各省区内部出现了条块分割的问题。这是因为“雨露计划”培训经费被严格限定在一定地区范围内使用，这就导致：一方面，一些贫困地区有着大量培训需求，也不缺乏培训经费，但却因缺乏培训机构、培训师资，使得这些培训需求得不到满足（一些并不具备条件的地区，为了“满足”培训需求，盲目建设培训机构，又造成了资源的浪费）；另一方面，“发达地区相当多的培训机构具有较强的培训师资、培训设备和完备的专业设置，并具有推荐就业的地域优势，但却不能招收贫困地区的‘雨露计划’学员”。③ 虽然，目前一些省份在“雨露计划”跨区域培训方面做了一定的探索，如进行“黔深雨露直通车”项目试点和““雨露计划”·扬帆工程”项目，但“黔深雨露直通车”项目还只是在对口帮扶的框架下进行，而““雨露计划”·扬帆工程”虽然是在“雨露计划”下开展，但仅在2所培训基地进行试点，覆盖的范围不大。第三，瞄准目标还有

① 中国国务院扶贫办政策法规组．“雨露计划”的做法与成效 http：//www. iprcc. org. cn/ppt/2007 - 12 - 20/1198127188. doc.

② 唐明刚，胡雍贤．关于贵阳市“雨露计划”的考察报告．http：//zfgb. gzlps. gov. cn/art/2010/1/19/art _ 14529_ 309112. html.

③ 常晔．中国农村不同区域人力资本与经济协调发展研究——基于江苏、河南、甘肃的对比分析［D］．兰州大学，2008.

很大的困难。扶贫资源的目标瞄准问题一直备受社会各界关注。目标瞄准困难首先“在于农村家庭收入统计的困难”;① 其次，我们国家贫困人口众多，“贫困对象的分布虽然相对集中但分散性依然明显”;② 最后，近年已脱贫群体仍旧比较脆弱，返贫现象频繁。第四，招生宣传的效果有待增强。“雨露计划”是国家针对贫困地区农村劳动力和“两后生”的一种优惠性福利政策，如果政策信息没有准确、及时、有效地传递到贫困地区，政策的作用空间就会缩小。尽管某些地区也动用了电视传媒来宣传这项政策，但从实际情况来看，“政策的信息传播与动员过程主要还是依赖村两委来完成，由于这一过程没有监测评估的具体程序，传播和动员的广度和深度就成了一个问题”。③ 第五，贫困家庭子女接受职业教育和培训的积极性有待进一步提高，且入学之后仍有较严重的流失现象。首批改革试点培训计划完成率最低的是湖南邵阳县，仅完成了计划指标的 18.9%。④ 广西隆林县培训计划完成率也只有 26.1%，且学员流失率高达 28%。⑤ 研究发现对职校的负面社会认知、社会舆论是影响“雨露计划”实施效果的主要原因，而“一些职业学校师资培训差、教学设施薄弱，是导致学员中途辍学的直接影响因素”。⑥ 第六，培训工种与市场需求的契合度有待提高。“雨露计划”培训主要依靠“现有的教育部门和劳动部门的职业技术院校，这些学校的市场灵敏性不强”。⑦ 作为补充的民营职业学校虽然与用工市场对接相对较好，但这些院校实力较弱，“加之成本压力，抑制了民营职业学校开展如电焊、机械制造等耗材大但需求却很旺盛的专业”。⑧

---

① 陈准. 信息不对称视角下的农村贫困对象瞄准研究 [D]. 湖南农业大学. 2011.

② 黄兴华. “工学交替”能否拓展农民兄弟的命运空间 http://www.ce.cn/cysc/agriculture/gdxw/200907/24/t20090724_19489301.shtml.

③ 湖北省扶贫办调研组. “雨露计划”实施方式改革跟进措施研究. http://www.hbfp.gov.cn/xxgk/fpjb/fpyx/8349.htm.

④ 常晔. 中国农村不同区域人力资本与经济协调发展研究——基于江苏、河南、甘肃的对比分析 [D]. 兰州大学, 2008.

⑤ 常晔. 中国农村不同区域人力资本与经济协调发展研究——基于江苏、河南、甘肃的对比分析 [D]. 兰州大学, 2008.

⑥ 李怀柱, 刘红旗, 孙瑞平等. 关于内蒙古职业院校服务“雨露计划”的思考. 现代企业教育. 2011 (8).

⑦ 江西省九江市扶贫办综合科. “雨露计划”工作存在的问题及建议。2009 (21).

⑧ 潜江市扶贫办. “雨露计划”存在的主要问题与对策浅淡. http://www.hbfp.gov.cn/xxgk/dcxj/1486.htm.

# 第二章　“雨露计划”基本概况

国务院扶贫办把2001年《中国农村扶贫开发纲要（2001~2010年）》实施以来专门针对贫困家庭劳动力的转移培训工作统称为贫困地区劳动力转移培训“雨露计划”。

## 一、“雨露计划”运行与实施历程和主要内容

“雨露计划”的运行与实施主要包括总体要求、实施历程、实施组织和实施内容。

### （一）“雨露计划”实施总体要求

“雨露计划”实施有属地管理，一般是在国务院扶贫办等国家部门统一领导下，以各省（市、自治区）为单位依据国家相关政策文件，制定本地实施方案。省（市、自治区）享受“雨露计划”政策人数和每一个培训基地培训人数则由省级扶贫部门通过指标下达，除““雨露计划”·扬帆工程”培训基地外，享受“雨露计划”政策人员一般不接受外省（市、自治区）“雨露计划”培训基地培训。

“雨露计划”宗旨是：以政府主导、社会参与为特色，以提高素质、增强就业和创业能力为宗旨，以中职（中技）学历职业教育、劳动力转移培训、创业培训、农业实用技术培训、政策业务培训为手段，以促成转移就业、自主创业为途径，帮助贫困地区青壮年农民解决在就业、创业中遇到的实际困难，最终达到发展生产、增加收入，最终促进贫困地区经济发展。

“雨露计划”原则：1. 以人为本，注重开发。以贫困群众为主体，在尊重他们意愿的基础上，通过适当的培训和引导，提高他们的自我积累、自我发展能力，实现人口资源向人力资本的有效转变。2. 突出重点，分类实施。针对不同地区、不同对象的不同需求，统筹计划、突出重点，进行分类指导和培训。

3. 紧跟市场，按需施教。以市场需求为导向，以提高就业能力和创业能力为目标，按照不同行业要求，采取不同内容和形式组织培训，增强培训的针对性和实效性。4. 整合资源，创新机制。以现有教育培训机构为主渠道，发挥多种培训资源的作用，充分调动培训机构、用人单位和农民群众自身的积极性，多渠道、多层次、多形式地开展满足贫困地区社会主义新农村建设现实需要的各类培训。5. 政府主导，共同参与。在坚持政府主导的前提下，积极动员、引导和组织包括民营经济、非政府组织和国际社会在内的社会各界，通过多种形式参与和支持“雨露计划”的实施。

## （二）“雨露计划”实施过程

“雨露计划”实施过程可概括为2个阶段，第一个阶段是探索推广阶段，时间跨度为2004～2009年，第二个阶段为改革阶段，即2010年至今。

1. “雨露计划”实施第一阶段（2004～2009年）。第一个阶段，“雨露计划”工作重点是农村贫困地区剩余劳动力转移培训工作。培训对象主要有三类：一是扶贫工作建档立卡的青壮年农民（16－45岁）；二是贫困户中的复员退伍士兵（含技术军士）；三是扶贫开发工作重点村的村干部和能帮助带动贫困户脱贫的致富骨干。培训的课程主要是职业技能培训、农村实用技术培训和创业培训。在培训时间上，农村贫困地区劳动力转移培训以中短期培训为主，最长不超过一年时间，一般培训时间为三个月、六个月和一年。在补助标准上，各地根据各地实际制定补助标准，在补助方式上采取对“雨露计划”培训基地实施补贴。在“雨露计划”农村贫困地区剩余劳动力转移培训工作开展的过程中，“雨露计划”形成了“四大工程”，即贫困家庭新生劳动力职业教育培训工程，贫困家庭青壮年劳动力转移就业培训工程，贫困家庭劳动力扶贫产业发展技能提升工程，贫困产业发展带头人培养工程。

2. “雨露计划”实施的第二个阶段（2009年至今）。“雨露计划”实施的第二个阶段是“雨露计划”实施方式改革试点阶段。即2010年6月17日，国务院扶贫办与财政部联合发出《关于开展“雨露计划”实施方式改革试点工作的通知》，确定在河北武强县等9个位于中国中、西部省（区、市）的国家扶贫开发重点县开展“雨露计划”实施方式改革试点工作。2011年，“雨露计划”改革试点县扩大到全国中西部21个省（市、自治区）的100个国家扶贫开发工作重点县。2012年，“雨露计划”改革试点县共计达到200个，新增加的“雨露计划”改革试点县全部位于14个连片特殊困难地区。在“雨露计划”改革试点过程中，虽然保留了农村贫困地区剩余劳动力转移培训工作，但“雨露计划”的改革试点工作的宗旨已经转向为通过对贫困家庭劳动力接受教育与培训进行补助，引导和鼓励贫困家庭子女在完成九年义务教育和普通高中教育后，继续接受高、中等职业教育和一年以上技能培训，以进一步提高贫困家庭新生劳动力的整体素质，增强其稳定就业和持续增收能力。改革试点工作的对象也转变为“雨露计划”改革试点县中，每学年接受高等职业（一、二、三年级），中等职业（一、二年级）教育以及一年以上技能培训（进入顶岗实习的学生除外）的建档立卡农村贫困家庭学生（即“两后生”）。“雨露计划”实施方式改革工作与以往的工作相比存在着以下新的特点：第一，培训对象从以前以贫困家庭存量劳动力为主转向以初中、高中毕业后未就业的新生劳动力为主；第二，培训目的从提高打工技能、增加就业机会转向进一步提高贫困家庭新生劳动力的整体素质，增强其稳定就业和持续增收能力；第三，培训重点从组织青壮年劳动力参加中、短期就业技能培训，转向引导和鼓励贫困家庭子女接受高职、中职教育和一年以上的预备制职业培训；第四，补助方式从通过基地间接补助转向对贫困家庭学生直接补助。

根据新扶贫纲要和“十二五”规划内容，“雨露计划”培训对象和内容主要包括四个方面：（1）对贫困家庭新生劳动力实施职业教育和技能培训，即以促进就业为核心，引导和鼓励贫困家庭子女在完成九年义务教育和普通高中教育后，继续接受高、中等职业学历教育和一年以上的预备制培训。（2）对农村留守贫困劳动力开展农村实用技术和产业发展技能培训。（3）对成年劳动力实施中短期转移就业职业技能培训。（4）农业产业化发展急需人才培训。主要包括企业经营管理人员、农民专业合作组织带头人和农村经纪人等。

## 二、“雨露计划”培训基地、内容与形式

“雨露计划”的培训是依托“雨露计划”培训基地来进行的，“雨露计划”培训基地是“雨露计划”实施的载体，“雨露计划”培训的形式和内容与培训基地密不可分。通过上文的论述，目前享受“雨露计划”的对象可以划分为两类人群：即“雨露计划”实施方式改革试点工作中的“两后生”和享受“雨露计划”农村贫困地区农村剩余劳动力培训工作的人群，后一部分人群包括了享受“雨露计划”实施方式改革试点工作的人群和未享受改革试点工作的人群。由于“两后生”和享受“雨露计划”农村贫困地区农村剩余劳动力培训工作的人群的

培训有很大的差别，因此本部分将对这两类人群进行分别论述。

对“两后生”而言，“两后生”是所就高职高专和中职中专学生，他们所就读的学校即为“培训机构”，学校的授课安排即为培训的内容。故本部分主要通过“雨露计划”农村贫困地区劳动力转移培训来对“雨露计划”培训的载体、内容与形式进行讨论。

## （一）“雨露计划”培训基地情况

“雨露计划”培训基地是“雨露计划”培训的载体，“雨露计划”的相关培训是在“雨露计划”培训基地的基础上进行的。目前，各级扶贫系统共认定了2323个培训基地，形成了国家级基地、省级基地、市级基地和县级基地四个层次的培训基地体系，基本构建起了覆盖全国的“雨露计划”培训网络（如表2－1所示）。目前，这些培训基地除““雨露计划”·扬帆工程”的两个培训基地外，招生范围仅限于本省（市、自治区），而市级、县级培训基地是否可跨本市范围和本县范围招生，各省（市、自治区）的规定不同。

**表2－1　各级培训基地统计情况**

| 省、市、自治区 | 国务院扶贫办基地 | 省级基地数量 | 市县基地数量 | 合计 |
|---|---|---|---|---|
| 河北 | 1 | 29 | 101 | 131 |
| 山西 | 1 | 7 | 69 | 77 |
| 内蒙古 | 1 | 24 | 238 | 263 |
| 辽宁 | 1 | 18 | | 19 |
| 吉林 | 1 | 1 | 28 | 30 |
| 黑龙江 | 1 | 78 | | 79 |
| 江苏 | 2 | 0 | 1 | 3 |
| 浙江 | 1 | 6 | 245 | 252 |
| 安徽 | 1 | 35 | 108 | 144 |
| 福建 | 1 | | | 1 |
| 江西 | 1 | 26 | 44 | 71 |

续表

| 省、市、自治区 | 国务院扶贫办基地 | 省级基地数量 | 市县基地数量 | 合计 |
|---|---|---|---|---|
| 山东 | 1 | 7 | | 8 |
| 河南 | 1 | 34 | 281 | 316 |
| 湖北 | 1 | 10 | 69 | 80 |
| 湖南 | 1 | 5 | 118 | 124 |
| 广东 | 1 | 10 | | 11 |
| 广西 | 1 | 4 | 60 | 65 |
| 海南 | 1 | 1 | 18 | 20 |
| 重庆 | 1 | 33 | 38 | 72 |
| 四川 | 2 | 81 | 140 | 223 |
| 贵州 | 1 | 5 | 59 | 65 |
| 云南 | 1 | 84 | | 85 |
| 西藏 | 1 | | | 1 |
| 陕西 | 1 | 43 | | 44 |
| 甘肃 | 1 | 20 | 71 | 92 |
| 青海 | 1 | 22 | | 23 |
| 宁夏 | 1 | 10 | 5 | 16 |
| 新疆 | 1 | 7 | | 8 |
| 合计 | 30 | 600 | 1693 | 2323 |

资料来源：国务院扶贫办政策法规组，“雨露计划”的做法与成效——中国贫困地区劳动力转移培训案例

在培训基地的认定上，“雨露计划”培训基地的认定工作由各级扶贫部门承担，国家级培训基地由国务院扶贫办认定，其余级别的培训基地由对应级别的扶贫部门认定，并报上级扶贫部门备案。培训基地认定条件主要有：具有独立法人资格和职业教育或技能培训资质；具备承担转移培训相应岗位必备的培训场所、教学设施设备、实训基地和师资等基本条件；熟悉农民教育培训特点，具有较好

的培训工作基础和业绩；培训场所和实训基地贴近农民，方便农民接受培训；愿意在政府和有关部门指导下，承担劳动力转移培训任务。

在基地的管理上，“雨露计划”采取了项目管理和培训实施相互分离的做法，这主要体现为政府部门尤其是各级扶贫部门不直接承担培训任务，而是着重于“雨露计划”实施工作的管理；培训机构不参与“雨露计划”实施工作的管理，而是执行培训任务。具体而言，各级扶贫部门负责培训政策制定、培训任务分解和补助下发、培训机构认定、培训工作监督、培训项目检查验收，以及对培训机构硬件条件、师资条件、培训时间、培训效果等做出相关规定等工作。并协助培训机构则需要做好招生、就业服务、培训等方面的工作。在对基地的管理中，各级扶贫机构对基地的考评是管理的重要内容，对基地的考评主要对基地的培训完成任务情况和培训管理工作进行审查，其中基地是否存在骗取、套取“雨露计划”培训补助资金的情况是基地考评的重要内容。

### （二）“雨露计划”培训的内容

“雨露计划”的培训内容涉及 3 个方面分别是职业技术培训、农村实用技术培训和创业培训，在“雨露计划”的实施中，职业技能培训和农村实用技术培训是进行较多的培训内容。

职业技术培训主要是对特定行业中特定就业技术或工种的培训，是和“雨露计划”所采取的订单培训方式相切合的培训内容。职业技能培训根据市场需求，以制造业、服务业、建筑业等行业为重点，按照相关岗位对从业人员基本技能的要求开展。承担项目的培训单位根据国家职业标准和就业岗位的要求，围绕农民就业技能，安排培训内容，设置培训课程，编制培训方案，进行培训管理，加强就业衔接。“雨露计划”的职业技能培训以中短期培训为主，培训时间一般不超过 1 年，具体培训时间由扶贫机构根据工种的不同来确定，具体的培训工作由培训基地承担，现在多采取 3 个月、6 个月和 1 年期的培训。从培训的效果来看，农村贫困地区劳动力中在外出前接受过培训的人群比没有接受过培训的人群平均月收入多 25.36%。[①]

农村实用技术培训是围绕农村、农村建设开设的培训，其讲授的内容符合农民具体的需要，教授的方式不局限在培训基地，可以直接在田间地头开展，具有灵活多样的特点，尤其适合年纪偏大、不适宜外出打工的农村贫困人群。在培训

① 黄承伟.“雨露计划”实施方式改革试点回顾与总结.

时间上，农村实用技术培训以短期培训为主，由当地扶贫机构根据培训的要求不同来确定时间，时间一般不超过1年，大部分项目的时间不超过6个月。

农村实用技术培训主要包括：围绕农业农村重大工程项目开展培训。主要是配合农机购置补贴、动植物疫病防控、沼气工程、农村危房改造等工程项目的实施，重点培训农机使用和维修、村级动物防疫员、沼气生产工及沼气物管员、村镇建筑工匠等；围绕农业服务体系开展培训。选择有一定就业规模、较规范操作技术要求和较稳定就业岗位的农业生产服务领域，开展从业人员技术培训，如畜禽繁殖员、农村经纪人、农作物病虫害专业化防治从业人员（机防手）等；围绕农产品加工开展培训。开展农产品加工岗位技能培训，对拟在传统食品加工领域就业或小规模创业的农民开展技术培训。

而创业培训则是促进农民创业所开展的培训。创业培训以创业理念、创业实践、创业指导和创业服务为内容，着力培养创业型农民，挖掘和拓展农业农村就业潜力。

### （三）“雨露计划”培训的形式

“雨露计划”的培训形式以订单培训和定向培训这两类为主。订单培训是培训机构凭收到的用人单位的订单来申请任务，按订单在社会上组织招生，按订单要求开展培训，按订单就业去向组织学员就业，以确保培训一人，就业一人。定向培训是指用人单位对拟招用的人员，经劳动保障部门同意自行组织实施或由其委托培训机构组织实施，明确就业岗位的技能培训。订单培训和定向培训都是培训就业一体化的运作方式，对促进农村贫困人口就业发挥了良好的作用。订单培训和定向培训有效提高了学员的实际就业能力，帮助了农村贫困人口顺利实现转移就业，同时也为相关企业提供了高质量、稳定的劳动力。同时各省、市、县级培训机构通过与用工企业建立联系，以订单和定向培训开展各种形式的合作，形成了一个巨大的农村贫困劳动力、培训机构和企业对接网。

各地培训机构以市场需求为导向，根据企业岗位要求开展订单培训和定向培训，并在实践中探索出了“校企联合”“校校联合”“校乡联合”等有效的具体模式，提高了培训的针对性和有效性。“雨露计划”的主要培训模式有：校企联合，即培训机构与用人企业直接签订培训订单，机构按企业的要求为企业培训劳动力，企业接受受训农民就业；政企联合，即地方政府相关部门出面与企业建立合作联系，为本地接受了培训的农村贫困劳动力转移建立稳定的就业渠道；供需接洽，即政府、培训学校等机构组织农村劳动力和用人单位的推介会、接洽会、招聘会等，为接受培训的农村贫困劳动力提供相应的就业渠道。以上只是若干具有代表性的培训模式，培训基地的培训模式是多种多样的，一个培训机构在进行订单培训和定向培训时可能会同时采取上述多种模式，也可能采取其他培训模式。

## 三、“雨露计划”补助资金使用情况

“雨露计划”补助资金实行中央政府和各级地方政府共同分担的投入机制。各级政府设立“雨露计划”补助资金的财政专用账户，用于对符合要求的人员进行补助，或对培训机构因降低收费标准而给予补助。

在补助标准上，农村贫困地区劳动力转移培训的补助标准由各省（市、自治区）自己制定，大部分省（市、自治区）采取的是3个月培训每人补助600元，6个月培训每人补助1000元；一年期培训每人补助1500元；一年以上的技能培训为1500元。而“雨露计划”实施方式改革试点工作中，“两后生”的补助标准国家统一规定为每人每学年1500元，补助分两次发放，秋季学期每人发放700元，春季学期每人发放800元。据统计，“十一五”时期，为实施“雨露计划”，中央和地方共投入培训资金46亿元，其中用于劳动力转移培训34亿元，641万人受训；用于农业实用技术培训6.8亿元，700多万人受训。①

由于享受“雨露计划”的人群按不同的标准可分为享受“雨露计划”实施方式改革试点工作的人群和未享受实施方式改革试点工作的人群，“两后生”与享受农村贫困地区农村剩余劳动力培训的人群等，不同的人群在“雨露计划”补助资金的申请、补助的发放等方面存在差异，因此本部分就不同人群的“雨露计划”补助资金的申请与发放、资金的拨付与监管进行讨论。

### （一）补助资金的申请

“雨露计划”补助资金的申请人的身份必须是“雨露计划”工作的对象，即申请人必须是“雨露计划”在改革试点前所规定的3类人群或改革试点地区的“两后生”。补助资金的申请过程即为相关人员的身份审核过程。对享受

① “十一五“期间国家投入46亿元实施“雨露计划”，人民网，2011－01－17，http：//finance.people.com.cn/nc/GB/13744984.html.

"雨露计划"农村贫困地区农村劳动力转移培训的人群来说，相关人员进行申请首先必须是扶贫工作建档立卡的农村贫困家庭成员，其次需填写《申请表》，加盖所属行政村、乡（镇）政府确认公章上报县级扶贫部门进行初审，初审通过后进行公示，最后，在公示无异议后，进行复核，复核无疑后方可确定为享受"雨露计划"农村劳动力转移培训有关政策的人员，并由县级扶贫部门登录"雨露计划"管理系统进行网上填报并报省级扶贫部门备案。对"雨露计划"实施方式改革试点工作中的"两后生"而言，其申请程序为：首先，贫困生家庭提出申请，填写《申请表》，加盖所属行政村、乡（镇）政府确认公章，附上就读学校出具的学籍证明，上报试点县县级扶贫部门；其次，初审。各试点县县级扶贫、财政部门对照补助条件对申请对象进行认真审核。重点确认申请家庭是否为建档立卡贫困户、申请子女的学籍是否属实等；再次，社会公示。初审确认后，通过网络、报纸、电视等媒体在试点县范围内对社会公示。同时，在各行政村张榜公示该村补助名单。公示期为 7 个工作日；最后，确认补助对象。公示期满后按公示情况对申请对象进行再次复核。复核属实后确定正式补助贫困家庭子女名单，并报省级扶贫部门备案，并登录"雨露计划"管理系统进行网上填报。

## （二）补助资金的发放

补助资金的发放不采取现金发放的方式，发放主要采取两种方式：一是以培训券的形式直接补贴给符合条件的人员；二是将补贴资金直接打入符合条件人员的"一卡通（一折通）"。以培训券的形式发放补助资金是未进行"雨露计划"实施方式改革地区所采取发放方式。在该方式下一般由县扶贫、财政两部门联合将培训券直接发放给符合条件的贫困农民。培训券要求实行实名制，而且不能转让使用，受培训农民领取培训券时，要登记身份证号和联系电话，并要进行签字、签章（手印）。农民持"券"到政府指定的学校进行短期职业技能培训，学校凭收回的"培训券"、收费凭证和受训农民考核合格证明等材料经扶贫、财政部门审核后到当地财政部门申报补助资金。将补贴资金直接打入符合条件人员的"一卡通（一折通）"是"雨露计划"实施方式改革试点地区所采取的补助资金发放方式。经过改革，补助资金不再发放给培训机构，而是直接通过财政专项账户打入符合条件人员的"一卡通（一折通）"中。

### （三）补助资金的拨付与监管

在补助资金的拨付上，首先由中央将补助资金拨付给有关省级财政部门，再由省级财政、扶贫部门根据向省内各县市下达的“雨露计划”培训任务，将中央和省级补助资金划拨到各省辖市财政部门，然后由市级财政、扶贫部门结合本市安排的资金，将补助资金下拨到各县级财政部门，最后由各县级财政、扶贫部门结合本级安排的资金通过“一卡通（一折通）”直接补贴相关人员或培训机构。在资金的拨付过程中，资金的拨付是通过专门的财政账户进行，扶贫部门不直接参与补助资金的拨付工作，只进行相关的监督与受益对象的审核，且补助资金专款专用，各级部门不能占用。补助资金的使用原则是要直接让农村贫困群体受益，规定不能用于培训机构的基础设施建设、培训条件改善和技能资格鉴定开支等，也不能用于相关管理部门的项目工作经费。地方负担的工作经费要从地方财政中适当安排。各级扶贫、财政等相关部门对补助资金发放与使用具有监督检查的职责，重点监督项目资金的使用，确保财政补助资金的足额发放。在各级财政部门设立了培训补助资金专账，并由扶贫部门配合对培训严格实行管理，做到资金到项目、管理到项目、核算到项目，并对相关的补助资金发放情况进行公示。培训机构不得因财政给予补助而借机提高收费标准，增加受培训农民的学费负担，培训机构内部建立培训台账和转移就业台账，以便掌握补助资金的使用和效果。对骗取、套取、挪用、贪污培训补助资金的行为，要依法追究有关单位及其直接责任人的法律责任。

## 四、小结

“雨露计划”自 2004 年开始实施，2006 年正式实施以来，目前在工作上存在着非改革试点工作和改革试点工作并行的情况，享受“雨露计划”的人群也存在着享受试点改革工作的人群和不享受改革试点工作的人群。这些工作和享受政策的人群之间互相交织，互为补充，使“雨露计划”形成了一个严密的体系。（表 2－2）

**表2-2 “雨露计划”的体系**

| 类别 | 对象 | | | 培训时间 | 培训补助 | | | 培训基地 | |
|---|---|---|---|---|---|---|---|---|---|
| | 类型 | 享受政策人员数量 | 享受政策人员确定 | | 补助标准 | 发放方式 | 补助金额总数 | 确定 | 考核 |
| 传统的“雨露计划”实施方式 | 扶贫工作建档立卡的青壮年农民（16—45岁）；贫困户中的复员退伍士兵（含技术军士）；扶贫开发工作重点村的村干部和能帮助带动贫困户脱贫的致富骨干（即享受“雨露计划”农村贫困地区剩余劳动力转移培训人员） | 省级扶贫部门下达培训指标 | 符合条件人员向乡级人民政府填写申请表，乡级政府上报县级扶贫办，县级扶贫、财政部门审核，公示培训人员，按公示情况对申请对象进行再次复核，复核属实后确定名单，并报省级扶贫部门备案 | 短期培训为主，培训时间最短3个月，最长不超过1年 | 3个月培训期每人600元，6个月培训期每人1000元，1年培训期每人1500元 | 设立专项财政账户发放至培训机构，抵免培训人员学费，扶贫办不参与资金发放，只负责验收 | 补助金额总数根据下达的培训人员数量确定 | 由国家级、省级、市级、县级扶贫部门确定对应的国家级、省级、市级、县级培训基地，并上报上级扶贫部门 | 以省为单位，由对应级别的扶贫部门考核对应级别的培训基地，每年考核一次 |
| “雨露计划”实施方式改革 | | | | | | 设立专项财政账户发放至学员所在家庭的一卡通（一折通），扶贫部门不参与资金发放，只负责验收 | | | |
| | 建档立卡贫困家庭中接受高等职业（一、二、三年级）、中等职业（一、二年级）教育和一年以上技能培训（顶岗实习阶段的除外）的在校学生（即“两后生”） | 省级扶贫部门下达指标 | 同上，但需要所在学校同时开具在学证明 | 学员在校上学时间即为培训时间 | 每人每学年1500元，上学期发放700元，下学期发放800元 | | | 学员所就读的学校即为“培训机构” | |

资料来源：河南省、湖北省、河北省等省市“雨露计划”实施相关管理文件

# 第三章　“雨露计划”实施成效分析

为了更加科学合理客观的评价“雨露计划”的实施成效，我们在已有“雨露计划”经验研究基础上，建立了“雨露计划”实施成效评估指标体系和“雨露计划”对人力资源建设和城镇化发展影响评价指标体系，结合河南新县的实地调研数据进行定量评估与分析。本章主要对“雨露计划”实施成效进行量化分析，对人力资源建设和城镇化发展的影响将在第五章进行具体评估分析。

## 一、“雨露计划”的实施成效分析框架构建

在比较分析各类不同评价方法的基础上，对于“雨露计划”实施成效评价，我们借鉴了评价内容选取合理、评价目标描述全面、评价指标切实可得可操作性等原则，结合“雨露计划”实际情况，选取了具有可参考性的评价指标建立评估体系。

最初我们选择了 3 个一级指标、7 个二级指标和 37 个三级指标。经过反复的讨论以及对数据可得性的验证，最终确定了一级指标 2 个、二级指标 6 个和三级指标 19 个。

我们将从项目效果评估与项目运行评估两个方面出发对“雨露计划”实施成效进行总体的评估：其中项目效果评估将结合监测数据和调研资料从瞄准效果、就业效应、收入效应以及减贫效果四个方面进行多维度的综合评价；项目运行评估主要将从资助资金运用情况与培训主体组织情况两个方面进行综合评价。与此同时，在运用监测数据资料之外，我们还将充分利用调研的问卷、座谈、访谈资料来反映贫困地区政府部门对“雨露计划”的认识和收益群众对“雨露计划”的反响。

表 3－1 “雨露计划”实施成效评估指标体系

| 一级指标 | 二级指标 | 三级指标（具体指标） |
| --- | --- | --- |
| 项目效果评估 | 瞄准效果 | 受训人群占贫困总人口的比例 |
| | | “两后生”学员占参训总人数的比例 |
| | 就业效应 | 受训人群就业率变化 |
| | | 就业稳定度 |
| | | 就业满意度 |
| | 收入效应 | 受训人群年平均收入变化 |
| | | 收入满意度 |
| | 减贫效果 | 受训人群家庭脱贫率 |
| | | 减贫满意度 |
| 项目运行评估 | 资助资金运用情况 | 计划资金完成率 |
| | | 培训期间补助金额占学员总支出（含学费、交通费、食宿费等）的比例 |
| | | 资助资金满意度 |
| | 培训主体组织情况 | 培训计划完成率 |
| | | 培训教师占机构教师总数的比例 |
| | | 有专业职业资格证书的培训教师占培训教师总数的比例 |
| | | 补助收入占机构总收入的比例 |
| | | 培训期间学员的辍学率 |
| | | 学员对培训机构的满意度 |
| | | 培训机构对项目的满意度 |

## （一）“雨露计划”实施成效评估指标体系的两级结构

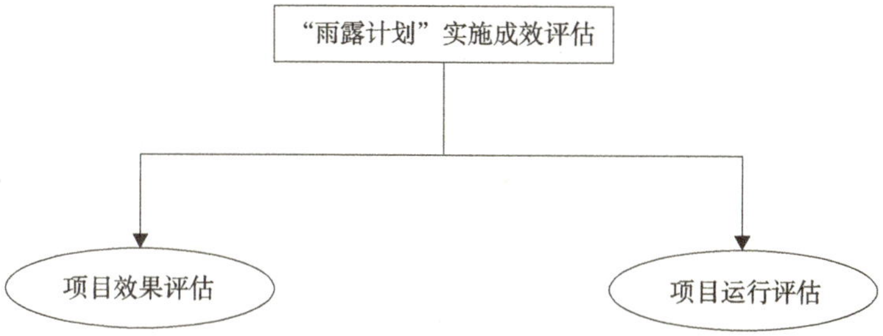


图 3－1 “雨露计划”实施成效评估指标体系一级框架

首先，我们来看指标体系的一级分类。从图3－1显示，我们评估“雨露计划”实施成效主要包括两大分类，即项目效果评估和项目运行评估。项目效果评估主要反映的是“雨露计划”实施的外部影响与效果；项目运行评估主要反映的是“雨露计划”项目在运行过程中产生的内部影响与效果。

得出上述分类的原因主要有三：一是从评估“雨露计划”实施成效的全面性来看，从外部效果与内部效果两个方面对“雨露计划”进行分析才能够保证实施成效评估的全面与完整。二是这种分类方法是三级指标归类分析的结果。在选出的三级指标基础上，我们既从由上自下、由总入分的思路来归类，同时，也从三级指标本身属性上来确定如何归类最有道理，在经过多次调整所形成现在的三级指标的基础上，最后归总为这两个以及分类。三是从我们的研究过程来看，选择这两大分类是反复取舍的结果。起初，我们征求多名专家的意见，对分类有多种建议：分三类如项目直接效果、项目间接效果、项目运行状况；另有分三大类如瞄准性指标、脱贫性指标、持续性指标等，但为了保证逻辑清晰、内容全面，经多次讨论还是选用了上述分类方法。

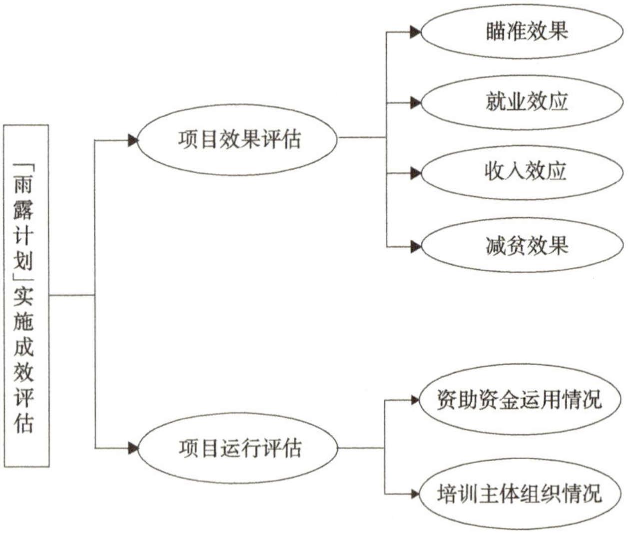


**图3－2　“雨露计划”实施成效评估指标体系二级框架**

接着，再来看一级指标下的二级的分类。“雨露计划”实施成效评估指标体系框架一级指标下存在6个二级指标：其中项目效果评估包括瞄准效果、就业效应、收入效应和减贫效果这4个二级指标，这4个指标的选择基于由项目瞄准人群参与培训，在完成培训之后参与就业，其就业的收入是否带来了减贫效果这一逻辑；项目运行评估包括资助资金运用情况和培训主体组织情况 2 个二级指标，这 2 个指标的选择则是因为项目资助资金与项目组织管理是项目运行过程中最基本的两个要素。

这些二级指标的确定所采取的方法是：两次归类，适度调整。即在确定了一级指标和选择三级指标后，三级指标先按一级指标指向归类，然后，一级指标内的众三级指标再按其性质接近程度再归类。最初经过两次归类得到二级指标得到可收入指标、就业指标、减贫指标、迁移指标、其他指标、学生指标、机构指标，在根据具体讨论情况进行适当调整，最后确定如上图所示的 6 个二级指标。

现在，我们进一步展示一级和二级指标的权重（见表 3－2）：在评估过程中，鉴于同级各类指标要素的影响和作用互不相同，进行比较评价时，需要区别对待，即权重分配上要有所不同。上表中权重的确定主要是通过主观经验法与主次指标排队分类法二者相结合，并通过专家讨论最终所得。

**表 3－2 “雨露计划”实施成效评估指标体系一、二级指标及权重**

| 一级指标 | 权重（%） | 二级指标 | 权重（%） |
| --- | --- | --- | --- |
| 项目效果评估 | 55 | 瞄准效果 | 25 |
| | | 就业效应 | 25 |
| | | 收入效应 | 25 |
| | | 减贫效果 | 25 |
| 项目运行评估 | 45 | 资助资金运用情况 | 50 |
| | | 培训主体组织情况 | 50 |

一级指标权重的确定主要有两点：首先，项目效果评估作为“雨露计划”实施的外部效果度量，直接与参训的贫困人口相关，其产生的直接与间接的效果是对“雨露计划”培训指导思想、目标原则最根本的体现。项目运行效果从政府部门、培训机构等培训主体出发度量的“雨露计划”内部效果能从项目本身展示出“雨露计划”的实施成效。从这两个方面进行均衡又有重点的度量才能体现出本指标体系的科学性。其次，权重是一个相对的量值，因此不必过细，以 5% 或 10% 为最小单位即可。最初我们将项目效果评估与项目运行评估的权重分别定为 65% 和 35%，后经专家多次讨论，认为二者差距过大会影响外部效果与内部效果的均衡分析，最后将权重定位 55% 与 45%。

相应的，二级指标的权重的确定如下：二级指标的权重是在两个一级指标框架内分别确定的，即每个一级指标下，二级指标合成为 100 分。最初，在项目效果评估中，瞄准效果、就业效应、收入效应和减贫效果的权重分别为15%、25%、35%和25%，侧重于就业效应、收入效应与减贫效果；而项目运行评估中资助资金运用情况与培训主体组织情况的权重分别为40%和60%。后经专家讨论，认为不同地区根据自身特殊性对二级指标各有侧重，但从全国整体层面来看，均衡考虑各项指标的作用更能够综合体现出“雨露计划”的实施成效。最后我们将瞄准效果、就业效应、收入效应和减贫效果的权重分别确认为25%，将资助资金运用情况与培训主体组织情况的权重分别定为50%。

## （二）“雨露计划”实施成效评估三级指标的选择

三级指标选择是评估“雨露计划”实施成效的基础，本研究采用的指标体系共有19个三级指标。这些三级指标的选定基于以下几个原则：一是所选指标或与项目效果、或与项目运行有重要联系，并且能对二级指标有实质性的贡献；二是指标的数据具有可得性。本指标体系数据和资料或通过政府报告、或通过实地调研全部切实可得，能够为本研究提供现实的支撑；三是客观数据与主观评价相结合，保证评价指标体系的全面性、完备性。

最初提出的三级指标较多，有37个，后经多次专家讨论，考虑到三级指标的代表性与可获得性最终确定为表3－3中的19个具体指标。针对瞄准效果，我们选择了受训人群占贫困总人口的比例来评估“雨露计划”对贫困人口的总体瞄准性，用“两后生”学员占参训总人数的比例体现“雨露计划”试点的瞄准情况；针对就业效应，我们选择评价就业的基本指标就业率作为最基础的三级指标，通过参训人员与未参训人员在培训期前后的就业率比较，并辅以就业稳定度和就业满意度这两个主观指标来体现“雨露计划”对贫困人口的就业效应；针对收入效应，我们选择平均年收入作为最基础的三级指标，通过比较参训人员与未参训人员在培训期前后的年收入增长情况来衡量“雨露计划”对贫困人口的收入效应，同时辅以收入满意度从主观方面体现贫困人口的真实感受。针对减贫效果，类似于就业效应与收入效应，我们以是否建档立卡为标准，通过比较参训人员与未参训人员在培训期前后的脱贫率来考察“雨露计划”对贫困人口的减贫效果，同时还考察减贫满意度这一主观指标，具体体现出贫困人口对“雨露计划”减贫效果的要求；针对资助资金运用情况，我们采用计划资金完成率衡量政府资助资金的发放完成情况，采用培训期间补助金额占学员总支出（含学费、交通费、食宿费等）的比例和资助资金满意度这一客观一主观的指标来衡量资助资金在运用过程中是否能够真正达到预期效果；针对培训主体组织情况，我们采用培训计划完成率衡量“雨露计划”的总体完成情况，从侧面反映培训主体的组织情况。通过培训教师占机构教师总数的比例、有专业职业资格证书的培训教师占培训教师总数的比例、补助收入占机构总收入的比例和培训期间学员的辍学率这几个指标展示培训机构在“雨露计划”项目上的硬件设施、软件能力与具体的培训完成情况。为了全面，最后采用学员对培训机构的满意度和培训机构对项目的满意度这两个主观评价反映项目组织情况当中存在的问题等。

**表 3－3 “雨露计划”项目实施成效评估指标体系三级指标**

| 一级指标 | 二级指标 | 三级指标 |
|---|---|---|
| 项目效果评估 | 瞄准效果 | 1. 受训人群占贫困总人口的比例（分数越高瞄准效果越好）<br>2. “两后生”学员占参训总人数的比例（分数越高瞄准效果越好） |
| | 就业效应 | 1. 受训人群就业率变化（分数越高培训后就业率越高）<br>2. 就业稳定度（分数越高就业稳定度越高）<br>3. 就业满意度（分数越高就业满意度越高） |
| | 收入效应 | 1. 受训人群年平均收入变化（分数越高培训后年均收入越高）<br>2. 收入满意度（分数越高收入满意度越高） |
| | 减贫效果 | 1. 受训人群家庭脱贫率（分数越高脱贫率越高）<br>2. 减贫满意度（分数越高减贫满意度越高） |
| 项目运行评估 | 资助资金运用情况 | 1. 计划资金完成率（分数越高资助资金运用情况越好）<br>2. 培训期间补助金额占学员总支出（含学费、交通费、食宿费等）的比例（分数越高资助资金运用情况越差，计算时取互补数）<br>3. 资助资金满意度（分数越高资助资金满意度越高） |
| | 培训主体组织情况 | 1. 培训计划完成率（分数越高培训主体组织情况越好）<br>2. 培训教师占机构教师总数的比例（分数越高培训主体组织情况越好）<br>3. 有专业职业资格证书的培训教师占培训教师总数的比例（分数越高培训主体组织情况越好）<br>4. 补助收入占机构总收入的比例（分数越高培训主体组织情况越好）<br>5. 培训期间学员的辍学率（分数越高培训主体组织情况越差，计算时取互补数）<br>6. 学员对培训机构的满意度（分数越高学员满意度越高）<br>7. 培训机构对项目的满意度（分数越高培训机构满意度越高） |

上面介绍了三级指标的选取，为了最终得到一个量化的评价指数，现在我们对三级指标进行分值的设置。为了度量的精确性，同时考虑到调查问卷上关于满意度的分值设置，我们对三级指标的分制设置存在区别：其中受训人群占贫困总人口的比例、“两后生”学员占参训总人数的比例、受训人群家庭脱贫率、计划资金完成率、培训计划完成率、培训教师占机构教师总数的比例、有专业职业资格证书的培训教师占培训教师总数的比例、补助收入占机构总收入的比例、培训期间学员的辍学率皆为百分制；受训人群就业率变化、受训人群年平均收入变化、收入满意度、减贫满意度、资助资金满意度、学员对培训机构的满意度、培训机构对项目的满意度为5分制；就业满意度为4分制；就业稳定度为3分制。最终我们将要把每个指标得到的结果换算统一为5分制，得出最终的结果。

综上所述，经过专家的讨论与验证，“雨露计划”实施成效评价指标体系能够科学合理地反映实际的实施效果。

## 二、河南省信阳市新县“雨露计划”成效分析实例

从2004年起“雨露计划”在全国得到实施，本报告根据我国扶贫开发新时期的新要求“提高发展能力”为出发点，选择了河南省信阳市新县为案例调研地点进行了“雨露计划”实施成效相关的问卷统计和访谈。以新县为代表，重点考察了“雨露计划”对受训人群的直接效果与项目本身的运行情况。

### （一）样本说明

此次调研过程中总共收回有效问卷44份，具体问卷情况见表3－4，除此之外还向以扶贫办为主的各有关政府部门搜集了“雨露计划”项目相关资料以及针对培训学员、未培训学员、培训机构（见表3－5）和政府部门的访谈记录。

**表3－4　河南省信阳市新县调研的问卷情况**

| 调研地 | 总有效问卷数量（份） | 问卷类型 | 有效问卷数量（份） |
|---|---|---|---|
| 河南省新县 | 44 | 已完成培训 | 19 |
| | | 正在培训 | 9 |
| | | 满足条件但未参与培训 | 16 |

资料来源：根据调研问卷数据汇总整理

**表3-5 河南省信阳市新县四大主要培训机构**

| 机构名称 | 培训特色 |
| --- | --- |
| 信阳涉外职业技术学院 | 涉外培训 |
| 新县职业高中 | “雨露计划”试点面向沿海地区的企业进行为期2年的订单式培训 |
| 新县红城职业培训学校 | 针对中年下岗工人（女工）的培训 |
| 新县农业广播电视学校（该培训机构未纳入调研范围内） | 针对农民的农村实用技术培训 |

首先，“雨露计划”实施效果调查问卷总体对妇女的关注倾向偏弱。对于问卷人群的对象选择，总体上是根据调研实际情况在培训机构与农村农户家中进行抽查走访进行，有一定的随机性，但并非严谨的随机抽样。具体问卷人群的性别比例如表3-6，总体看来，超过2/3的受访者是男性，达到70.45%；女性则略低于1/3，只有29.55%。因此，本次调研总体上对于“雨露计划”在妇女人群的关注仍然是有所欠缺的。

**表3-6 “雨露计划”调研问卷人群的总体性别情况**

| 性别 | 女 | 男 | 合计 |
| --- | --- | --- | --- |
| 人数（人） | 13 | 31 | 44 |
| 百分比（%） | 29.55 | 70.45 | 100 |

资料来源：根据调研问卷数据汇总计算

其次，“雨露计划”实施效果调查问卷总体对中青年的关注倾向偏强。在问卷人群的年龄分布方面，使用核密度的方式予以表达，如图3-3，软件为Stata 10，使用伊番科尼可夫（Epanechnikov）核函数，后面的各个核密度估计图绘制都是采用的这个条件，就不再累述。从问卷人群的年龄分布上看，呈左偏分布的特点，受访人群平均年龄30.37岁，中位数27岁，众数21岁，即本次调研问卷人群整体上以中青年人为主，老年人相对较少，“雨露计划”培训对象的范围限制对这一结果存在一定影响。

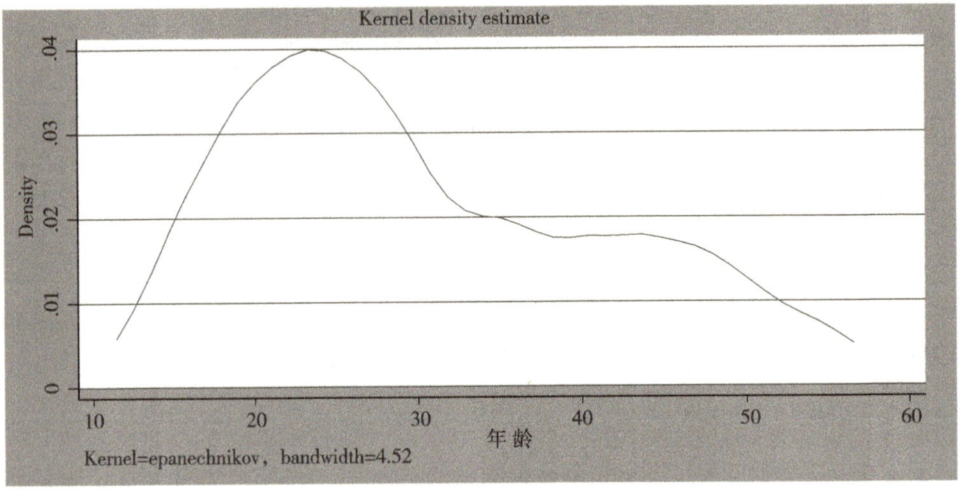


**图 3-3　“雨露计划”调研问卷人群总体的年龄情况核密度估计图**

资料来源：根据调研问卷数据汇总计算

最后，由于“雨露计划”改革试点从 2010 年开始，至今不过 2 年，根据调研实际与指标体系要求，调研对象的选择存在一定困难。44 份问卷中包括参与“雨露计划”试点人员调研问卷 9 份，皆为正在培训人员。

## （二）项目实施成效客观评估

对于“雨露计划”培训项目，人们最为关心的莫过于其是否能够真正切实的促进培训者的就业、提升培训者的收入、带领培训者脱离贫困。本研究通过对河南省信阳市新县的“雨露计划”实施情况进行问卷访谈、资料收集，从瞄准效果、就业效果、收入效果以及减贫效果四个方面对“雨露计划”实施直接效果进行评估。

1. “雨露计划”受益覆盖度较高，瞄准性较强。通过新县调研的数据资料来看，其“雨露计划”受益覆盖度较高。新县第一次建档立卡调查时，贫困人口总数为 11082 户 27962 人，① 第二次建档立卡的贫困人口总数是 21787 户 65670 人。② 从 2004 年实施“雨露计划”培训以来，新县共累计培训了 17858 人。占建档立卡的贫困人口总数的 27.19%。由表 3-7 可以看出，新县在“十一五时期”参加“雨露计划”培训的总人数占贫困人口总数中的比重高出全国平均水平

① 贫困标准为 1500 元.

② 贫困标准为 2300 元.

2.54个百分点，这说明在全国范围内比较，新县实施“雨露计划”培训在贫困人口中的受益覆盖度要高于全国平均水平。

**表3－7 “雨露计划”受益覆盖度：新县与全国的比较**

| | 贫困人口总数（人） | “十一五时期”“雨露计划”累计培训总人数（人） | 累计培训总人数占贫困总人口的比重（%） |
|---|---|---|---|
| 全国 | 1.28亿 | 1341万 | 10.48 |
| 新县 | 65670 | 8550 | 13.02 |

资料来源：根据调研搜集的数据计算

**表3－8 “雨露计划”参训人员中“两后生”所占比重**

| | “两后生”参训人数（人） | 参训总人数（人） | “两后生”参训人数占总参训人数的比重（%） |
|---|---|---|---|
| 2011年 | 2300 | 3239 | 71.01 |
| 2012年 | 2300 | 3309 | 69.51 |

资料来源：根据调研搜集的数据计算

与此同时，新县在实施“雨露计划”的过程中紧跟国家指导原则，将培训对象从以前以贫困家庭存量劳动力为主转向以初中、高中毕业后未就业的新生劳动力为主，瞄准性较强。2010年“雨露计划”开始实施改革试点，提出将重心调整为对贫困家庭新生劳动力实施职业教育和技能培训，即以促进就业为核心，引导和鼓励贫困家庭子女在完成九年义务教育和普通高中教育后，继续接受高、中等职业学历教育和一年以上的预备制培训。由此“两后生”（即初、高中毕业未能继续升学的贫困家庭中的富余劳动力）作为“雨露计划”改革试点后重要目标群体，开始占据“雨露计划”培训计划对象的重要位置。从表3－8可以看出，新县作为“雨露计划”改革试点县，在2011年共培训3239人，其中2300人为改革试点的“两后生”群体；2012年共培训3309人，其中2300人为改革试点的“两后生”群体。可以看出“雨露计划”改革试点后，新县参与培训的“两后生”群体占2011、2012年度培训总人数的71.01%、69.51%，比重均超过2/3。

2. “雨露计划”提升了贫困人口的就业率、增强了其就业的稳定性。从19份已完成培训的调研问卷和16份未参与培训的调研问卷统一来看，“雨露计划”培训对提升贫困人口就业率产生了积极的效果，已完成“雨露计划”培训的人员就业率要明显高于符合参与培训的条件但未参与培训的人员。从表3－9可以看出，已完成培训人员在经过“雨露计划”培训后的就业率为89.47%，而满足条件但未参与培训人员的就业率为68.75%，低于前者20.72%。

**表3－9　已完成培训人员与满足条件但未参与培训人员的就业情况比较**

| | 就业（人） | 未就业（人） | 就业率（%） |
|---|---|---|---|
| 已完成培训人员 | 17 | 2 | 89.47 |
| 满足条件但未参与培训人员 | 11 | 5 | 68.75 |

资料来源：根据调研问卷的数据计算

除了提升就业率之外，“雨露计划”对贫困人口的就业稳定性也产生了一定的增强效果。19名已完成培训的被调查人员中在最近2年内从事1份工作的有16人，从事过2份工作的有2人，从事过3份工作的有1人；16名未参与培训的被调查人员在最近2年内从事1份工作的有7人，从事过2份工作的有5人，从事过3份工作的有3人，其中还有1人在最近2年内没有找到工作。从图3－4也可以看出已完成培训的人员相对于未参与培训的人员来说，更换工作的频率更低，就业的稳定性更高。

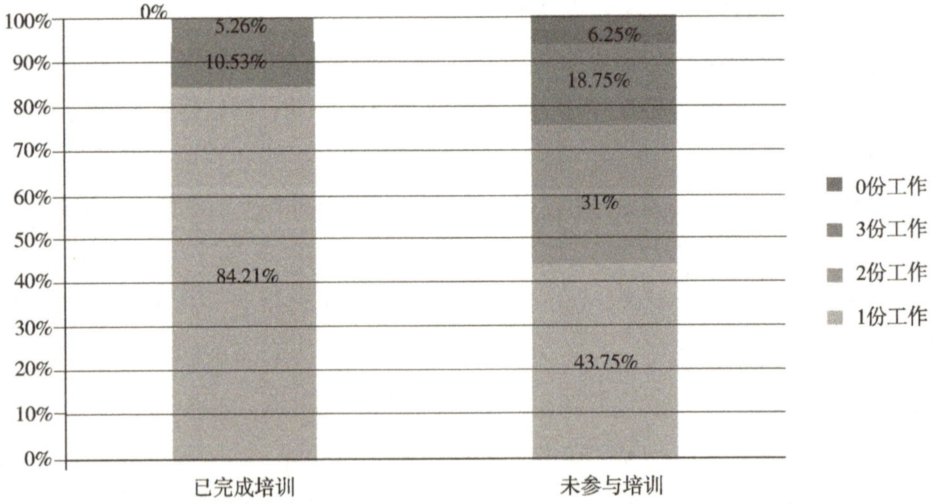


**图3－4　已完成培训人员与满足条件但未参与培训人员在最近2年内从事的职业数量**

资料来源：根据调研问卷的数据计算

3. “雨露计划”对提高贫困人口的收入效果明显。从调研的情况来看，“雨露计划”能够有效提高参训贫困人群的收入。从下表3－10可以看出，已完成培训的19名学员在培训前家庭年收入平均为1352.63元，中位数为1500元，经过培训后年均收入增为160726.30元，中位数为80000元。相应地，未参与“雨露计划”培训的16名被调研人员依靠自身努力平均年收入达到11593.75，中位数为10000元。从下面的核密度比较图也能看出，未参与培训人员没有超过10万元的年收入，而已完成培训人员中存在学员年收入高达60万元。较之培训后参训人员收入来说，未参与培训人员的收入明显较低。

**表3－10 已完成培训人员与满足条件但未参与培训人员的收入情况比较**

| 分组 | | 问卷数量（份） | 平均数 | 中位数 | 方差 | 峰度 | 偏度 |
|---|---|---|---|---|---|---|---|
| 已完成培训 | 培训前 | 19 | 1352.63 | 1500 | 175964.9 | 0.0596336 | 1.487042 |
| | 培训后 | | 160726.30 | 80000 | 3.77e+10 | 1.450278 | 3.746296 |
| 未参与培训 | | 16 | 11593.75 | 10000 | 1.33e+08 | 1.177653 | 3.435744 |

资料来源：根据调研问卷的数据计算

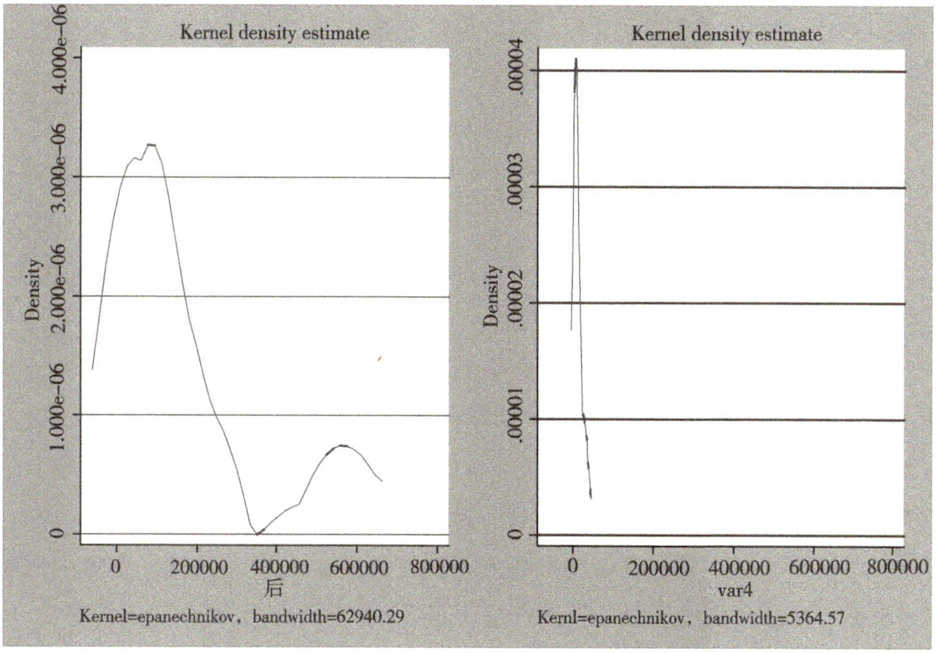


**图3－5 已完成培训人员（左）与满足条件但未参与培训人员（右）的收入核密度比较**

资料来源：根据调研问卷的数据计算

值得一提的是，新县的涉外劳务对参与培训人口的收入提升起了至关重要的作用，而这一点在全国其他地方是非常罕见的。涉外培训人员出国工作所得比起在国内工作的“雨露计划”参训人员工作所得来说要多得多，可以看到图3－5中已完成培训人员现在的年均人收入高达60万元，这已经远远超过了如今全国年度人均收入。因此，新县“雨露计划”中的涉外培训能够极大幅度地提高参训人员的收入水平，是值得向全国推广的一种培训方式。

4. “雨露计划”减贫效果彰显，且能够起到脱贫示范带动作用。新县“雨露计划”对参训人员的自身脱贫效果明显，从图3－6我们看到已完成培训的19名被调研对象在参加培训之前全部都是贫困户，完成培训之后由于收入的提高，其中17名参训人员脱离了贫困，脱贫率高达89.47%。而16名满足条件但未参加培训的被调研人员经过2年的辛勤劳动有10人脱离了贫困，脱贫率为62.5%。二者比较起来，“雨露计划”对贫困人口的减贫效应立见高下。

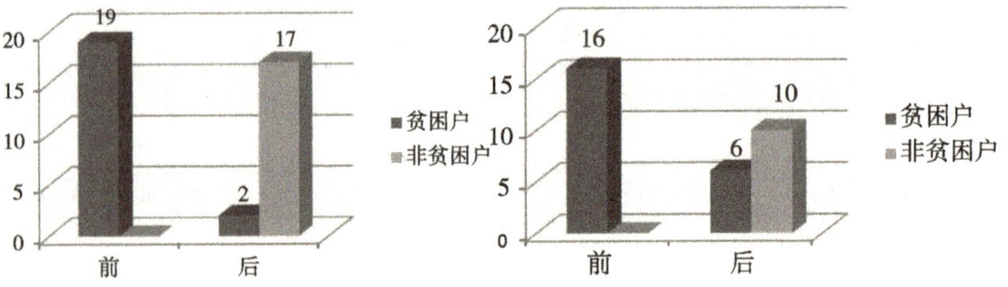


图3－6　已完成培训人员（左）与满足条件但未参与培训人员（右）的脱贫效果比较

注：其中未参与培训人员选择时间是2年前与2年后的比较

资料来源：根据调研问卷的数据计算

在对直接参与“雨露计划”培训的参训人员起到了自身减贫的效果之余，新县参与“雨露计划”脱贫示范带动效果同样显著。参加培训的人员中有许多回家乡创业：至目前，全县回国劳务人员累计投、融资4.2亿元，创办建筑、建材、装潢等企业100多家，开办日韩风格酒店、农家饭庄100多家，发展大棚蔬菜2000亩、花卉苗木基地32个、农业生态园区25个、规模养殖小区68个，带动3000多名农村富余劳动力就地就业、致富增收。[①]

5. “雨露计划”资金到位情况良好，但资助资金占参训人员总支出的比重相对较低。新县“雨露计划”补助资金不存在托付、欠付，资金到位情况良好。从2004年开展“雨露计划”以来，新县“雨露计划”项目的计划拨付资金为1340万元，实际到位资金为1340万元，计划资金到位率达到100%，扶贫办不立账，由县财政直接打入培训机构与试点对象，扶贫办与财政局共同监管：其中

① 新县人民政府. 大力实施“雨露计划”培育涉外劳务富民产业.

2004～2006年每年60万元，2007年77.9万元，2008年80.9万元，2009年105.3万元，2010年156万元，2011年339万元，2012年400万元。从图3－7可以看出，2011年与2012年“雨露计划”资助资金拔高，这显示了“雨露计划”试点改革扩大了“雨露计划”的覆盖范围，加大了对“雨露计划”的资金投入，这对“雨露计划”的实施效果起到了一定的积极作用。

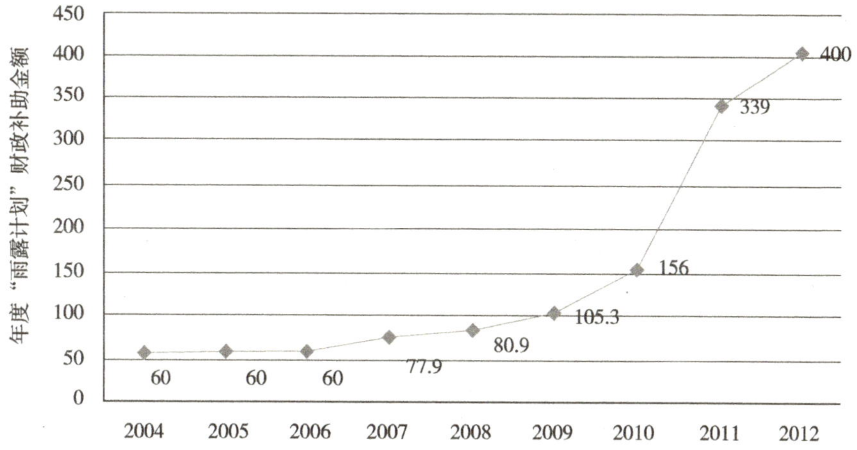


**图3－7 2004～2012年新县“雨露计划”财政补助资金（万元）**

资料来源：根据调研搜集的数据计算

从数据来看，资助资金占参训人员总支出的比重相对较低，并随着“雨露计划”改革试点有所下滑。从表3－11可以看出调研问卷中改革试点之前“雨露计划”资助金额占培训期间总支出的比重平均为57.47%，而试点之后的比重降为了25.33%，还不到试点前的二分之一。

**表3－11 “雨露计划”改革试点前与试点之后资助金额占培训期间总支出比重情况比较**

| 分组 | 问卷数量 | 平均数 | 中位数 | 方差 | 峰度 | 偏度 |
|---|---|---|---|---|---|---|
| 已完成培训（非试点） | 19 | 0.5747368 | 0.57 | 0.0907041 | 0.2443167 | 1.942857 |
| 正在参与培训（试点） | 9 | 0.2533333 | 0.28 | 0.012925 | －0.1601844 | 1.461884 |

资料来源：根据调研问卷的数据计算

这一转变可能是由补助方式变化、生活成本提高、培训的对象、目标、内容与时限的改变等一系列因素导致。资金补助力度的不适应与贫困人口需求这一现实势必对“雨露计划”培训的效果造成不利的影响，这也对我们如何调整补助标准、补助方式提出了一定的要求。

6. “雨露计划”培训反响强烈，培训机构师资力量较为雄厚，培训计划完成率高。新县培训计划完成情况良好，“雨露计划”培训受到贫困人口欢迎。2011 年度新县职业技能培训计划 3239 人，其中“雨露计划”改革试点对象 2300 人，蓝领班 500 人，全部完成任务；2012 年度新县职业技能培训计划 3309 人，其中“雨露计划”改革试点对象 2300 人，蓝领班 200 人，农村实用技术培训任务 150 人，全部完成任务。可以看出农村实用技术培训、“雨露计划”改革试点以及“蓝领班”培训在新县中最受贫困人口欢迎，培训计划完成率达到了 100%。

在本次调研中，我们选取了 3 个学校作为培训机构的重点调研对象：信阳涉外职业技术学院，新县职业高中和新县红城职业技术学校。考虑到调研实际与农村使用技术培训占“雨露计划”中的比重，未将新县农业广播电视学校列入调研范围。以上 3 个学校作为新县实施“雨露计划”的主要载体，对其进行调研能够实现预期目的。

**表 3－12　调研的培训机构基本情况**

| 机构名称 | “雨露计划”教师占机构教师总数的比例（%） | “雨露计划”教师中具有职业资格证书的比例（%） | “雨露计划”财政资助金额占 2011 年该机构总收入的比例（%） |
|---|---|---|---|
| 信阳涉外职业技术学院 | 100 | 76.32 | 10.48 |
| 新县职业高中 | 7.62 | 86.96 | 50 |
| 新县红城职业技术学校 | 100 | 100 | 35.73 |

注：新县职业高中“雨露计划”财政资助金额占 2011 年该机构总收入的比例的数据为职高中专门负责“雨露计划”培训的专职培训机构数据

资料来源：根据调研搜集的数据计算

**表 3－13　2011 年调研机构“雨露计划”培训基本情况**

| 机构名称 | 主要培训对象 | 培训学员数量（人） | 培训期间辍学率（%） |
|---|---|---|---|
| 信阳涉外职业技术学院 | 涉外劳务 | 486 | 0.41 |
| 新县职业高中 | “雨露计划”试点 | 1674 | 0.90 |
| 新县红城职业技术学校 | 下岗工人短期技能培训 | 253 | 0 |

资料来源：根据调研搜集的数据计算

上述的 3 所学校师资力量较为雄厚，承担的“雨露计划”培训计划完成率高。从表 3－12 来看其中的涉外职业技术学院与职高这两所公办培训机构老师数量较多，各有老师 78 人、302 人，其中涉外学员老师同时负担日常教学与“雨露计划”培训，职高有专职“雨露计划”培训教师 23 名。而红城职业技术学校属于民营培训机构，有 9 名老师，负责“雨露计划”培训全部任务。从表 3 - 13 来看，根据不同学校的不同分工，现目前，这 3 所学校尚能够较好地完成下达的“雨露计划”指标任务，培训期间的辍学率均控制在 1% 以内，其中红城学校甚至为 0。

### （三）项目实施成效主观评估

以上通过客观数据指标对新县“雨露计划”培训实施成效进行了细致的分析，接下来将立足于指标体系中的几大满意度，通过对问卷中的相关主观设置内容以及访谈内容进行综合考察，我们分析得到培训学员与培训机构未项目实施成效的总体满意度较高，但仍然提出了一些具体的改进要求。

1. 参训学员对项目的主观评价

（1）对“雨露计划”增强就业、提高收入和脱贫减贫的效果满意度较高。“雨露计划”参训人员对培训后自身的就业情况满意度较高，并明显高于未参训人员。从图 3 - 8 可以看出已完成培训的被调研对象与满足条件但未参与培训的被调研对象对自身现目前职业的预期有着明显的差异。参训学员中有 95% 认为目前职业能够持续 1 年以上，另外 5% 则认为能够持续 6 个月到 1 年。而未参与培训的被调研对象中认为现目前职业能够持续 1 年以上的比例仅占 25%，明显低于 95%，认为能够维持 3 - 6 个月的人数最多，达到 31%，而已完成培训人员中没有人认为自己现目前的职业将在 6 个月以内结束。

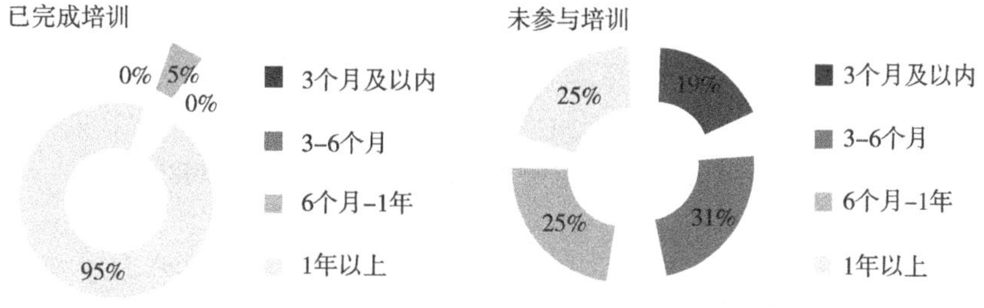


**图 3 - 8 已完成培训人员与满足条件但未参与培训人员对目前职业的预期持续时间**

资料来源：根据调研问卷的数据计算

从调研问卷的统计中来看，参训人员对“雨露计划”的收入提升作用很有信心。19 名已完成培训的被调研对象中有 17 名认为通过培训自己在求职方面比身边情况类似但未参与培训的同龄人更具优势，有 19 人认为通过培训自己在收入方面比身边情况类似但未参与培训的同龄人更具优势；9 名正在参与培训的被调研对象更是全部认为通过培训自己在求职和收入两方面都比身边情况类似但未参与培训的同龄人更具优势。

参训人员对“雨露计划”的脱贫减贫效果同样较为满意。19 名已完成培训的被调研对象中已有 17 名脱离贫困，其中还有几位年收入达到 20 万 –60 万元。他们都认为“雨露计划”培训是他们脱贫的重要条件。同样从表 3 – 14 可以看到，9 名正在参与培训的被调研对象对未来的预期较好，平均收入预期为 51511.11 元，中位数为 60000 元，并且全部认为在通过培训之后能够脱离贫困。

**表 3 – 14　参加培训人员对培训结束后的收入预期**

| 分组 | 问卷数量（份） | 平均数 | 中位数 | 方差 | 峰度 | 偏度 |
|---|---|---|---|---|---|---|
| 正在参与培训（试点） | 9 | 51511.11 | 60000 | 4.53e +08 | –0.2090403 | 1.606797 |

资料来源：根据调研问卷的数据计算

（2）“雨露计划”资助资金对吸引学员参训具有一定积极作用，但这一作用随“试点”有所削弱。根据调研问卷，我们发现“雨露计划”资助资金有利于吸引贫困人口参与培训。19 名已完成培训的被调研对象中有 18 名认为“雨露计划”的补助是促使自己参与培训的重要原因；9 名正在参与培训的被调研对象中有 5 名持同样观点。

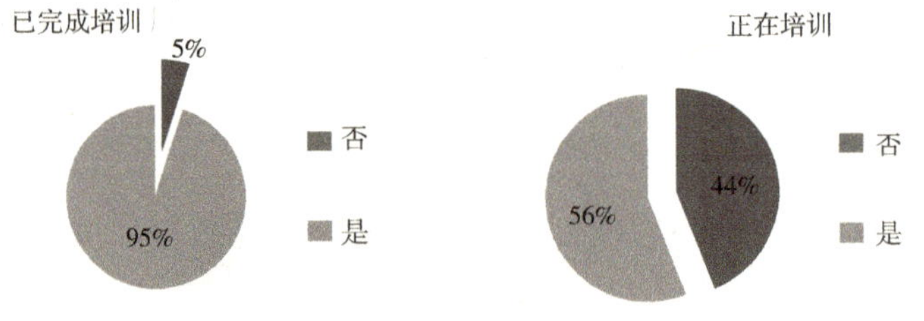


**图 3 –9　已完成培训人员与满足条件但未参与培训人员承认“雨露计划”补助资金为参与培训诱因的比例比较**

“雨露计划”培训资金的这一有利作用随着“试点”的开展开始减弱。从图 3 –9 可以发现，“试点”之前 95% 的参训人员认为“雨露计划”补助资金是促使自己参与培训的重要原因，而参与“试点”的参训人员中这一比例下降了 56%。这体现出参加培训的人员具有提高“雨露计划”资金补助标准的需求。

（3）参训人员对培训机构项目设置表示总体满意，同时对项目具体实施情况仍有一些改进要求。参训人员对培训机构的“雨露计划”项目设置综合评价满意度较高，不存在不满意、非常不满意和不好说的评价。从表3－15来看，参训学员对培训内容符合实际市场需求这一方面最为满意，这与培训机构的订单式培训方式分不开。而参训学员满意度最低的方面为培训的期限，同时对课程设置、就业渠道、个人综合能力提高、专项技能提高、创业意愿提高以及培训内容是否符合市场需求都有一定的担忧。总体来说，已完成培训学员比起正在培训的学员来说对“雨露计划”项目实施具体情况的满意度更高。

**表3－15 已培训学员与正在参加培训人员对培训机构项目设置的具体评价**

| 已完成培训学员 | 非常满意 | 满意 | 一般 | 不满意 | 非常不满意 | 不好说 |
|---|---|---|---|---|---|---|
| 培训的课程设置 | 8 | 11 | | | | |
| 培训的期限 | 7 | 7 | 5 | | | |
| 培训的实习安排 | 7 | 12 | | | | |
| 培训后提供的就业渠道 | 7 | 12 | | | | |
| 综合个人能力的提高 | 11 | 5 | 3 | | | |
| 某项职业技能的提高 | 10 | 9 | 2 | | | |
| 自主创业意愿的增加 | 8 | 9 | | | | |
| 培训内容符合实际市场需求 | 12 | 7 | | | | |
| 综合评价 | 9 | 10 | | | | |
| 正在培训学员 | | | | | | |
| 培训的课程设置 | 3 | 5 | 1 | | | |
| 培训的期限 | 2 | 4 | 3 | | | |
| 培训的实习安排 | 5 | 4 | | | | |
| 培训后提供的就业渠道 | 3 | 4 | 1 | | | |
| 综合个人能力的提高 | 4 | 3 | 2 | | | |
| 某项职业技能的提高 | 4 | 4 | 1 | | | |
| 自主创业意愿的增加 | 2 | 5 | 2 | | | |
| 培训内容符合实际市场需求 | 5 | 3 | 1 | | | |
| 综合评价 | 3 | 6 | | | | |

资料来源：根据调研问卷的数据计算

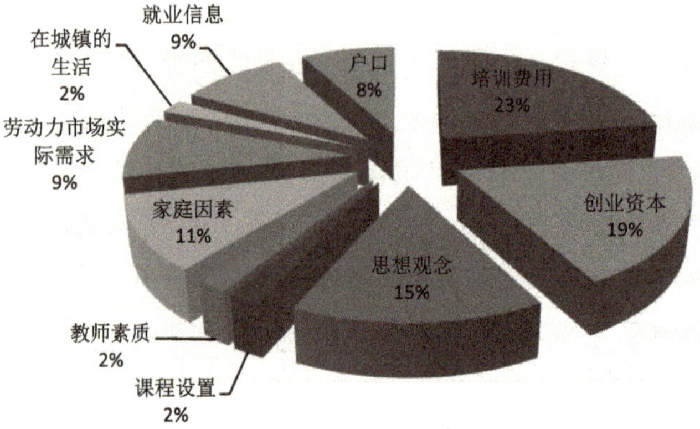


**图 3－10 影响培训实际效果的因素构成**

资料来源：根据调研问卷的数据计算

从问卷中关于影响“雨露计划”项目实施效果的因素的回答，可以看出被调研对象（包括已完成培训与正在培训这两部分）认为培训费用、创业资本、思想观念与家庭因素是影响培训实际效果的四大主要因素（见图 3－10）。这为我们在下一阶段分析“雨露计划”面临的问题和解决办法提供了一点思路。

2. 培训主体对项目的主观评价

培训主体对项目组织运作较为满意，但在组织过程中面临一些问题，需要得到更多支持。本次新县调研的培训主体主要包括扶贫办为主体的相关政府部门以及培训机构。从调研访谈来看，培训主题不论是对资金到位情况还是培训任务完成情况都较为满意。然而，在调研访谈的过程中，我们发现扶贫办与培训机构在实施“雨露计划”的过程中遇到了一些问题，产生了一些想法，并希望能够得到政策上更多的支持：如对补助经费的需求、对培训方式灵活性的要求等等（具体见下专栏）。

## 专栏 3－1 河南省信阳市新县扶贫办访谈

时间：2010 年 12 月 25 日下午

地点：河南省信阳市新县扶贫办公室

扶贫办主任：首先，我认为要建立贫困人口建档立卡户的动态调整机制，这样才能够让不是贫困户的人及时地将指标让给有需要的人；其次，培训补助经费一年分 2 次发放对于现在我们扶贫办来说是很大的负担，加上“试点”对象基本上没有变动，希望能够一年一次发放完。再次，希望能有配套的工作经费，提高工作人员积极性、效率不高；最后希望能够适当地扩大培训的范围，经过实践我们发现农村实用技术培训这种下到田间地头的培训方式最受老百姓欢迎，希望“雨露计划”能够放开年龄限制，让留守在农村的老人也能够接受培训……

资料来源：根据访谈记录进行整理

## 专栏3－2 河南省信阳市新县培训机构访谈

时间：2010年12月25日上午

地点：河南省信阳市新县扶贫办公室

新县职业高中主任：在培训过程中，我们遇到了一些困难，主要有以下几个方面。一是招生难，这主要是贫困对象的认定困难、程序复杂；二是培训时间的设置不灵活，我们学校对于“雨露计划”的课程设置完全和职高中的正式课时保持一致，这对我们带来了很大的负担；三是培训补助资金的使用具有局限性，不好用、不敢用，有的时候在另一个方面急需资金时不敢动；四是补助标准还是偏低，许多学生一个学年的“雨露计划”补助资金1500元还不够交学费，希望能够通过生活补贴等方式来加大对学生的补贴力度……

资料来源：根据访谈记录进行整理

## （四）项目实施成效总体评估

上面我们对“雨露计划”实施的主客观评价进行了具体的分析，接下来将根据本章开头构建的指标体系与设置的一、二级指标权重与三级指标分值对“雨露计划”实施的总体成效进行量化。由于“雨露计划”实施的地区差异性，为了保证本指标体系能够在全国范围内具有可操作性，对于某些需要进行标准划定的三级指标评估打分，我们采用全国范围同一指标的数值为考量标准，具体如下：

1. 项目效果分项评估

（1）瞄准效果评估

表3－16 新县“雨露计划”瞄准效果评分表

| 二级指标 | 分值 | 三级指标 | 分值 |
|---|---|---|---|
| 瞄准效果 | 4.26 | 受训人群占贫困总人口的比例 | 5 |
| | | “两后生”学员占参训总人数的比例 | 3.51 |

资料来源：根据调研问卷的数据计算

衡量“雨露计划”瞄准效果的三级指标有两个，分别是受训人群占贫困总人口的比例和“两后生”学员占参训总人数的比例。根据调研数据，2006 年至 2011 年底新县“雨露计划”受训人群占贫困总人口的比例为 19.41%；而从全国范围来看，2006 年至 2011 年底“雨露计划”累计受训人群占贫困总人口的比例为 12.43%。新县的这一比例要明显高于全国平均水平，我们将赋予这一三级指标 100 分。数据显示，新县 2011~2012 年“两后生”学员占参训总人数的比例为 70.26%，我们将赋予这一三级指标 70.26 分。最终得到，新县“雨露计划”瞄准效果的分值为 85.13。为了统一，我们将 85.13 换算成 5 分制，结果为 4.26。

（2）就业效应评估

**表 3－17　新县“雨露计划”就业效应评分表**

| 二级指标 | 分值 | 三级指标 | 分值 |
| --- | --- | --- | --- |
| 就业效应 | 4.67 | 受训人群就业率变化 | 4.41 |
| | | 就业稳定度 | 4.65 |
| | | 就业满意度 | 4.94 |

资料来源：根据调研问卷的数据计算

衡量“雨露计划”就业效应的三级指标有三个，分别是受训人群就业率变化、就业稳定度和就业满意度。根据调研数据，新县“雨露计划”培训对参训人员的就业率提升幅度为 20.72%，培训后参训人员的就业率达到了 89.47%；从全国范围来看，2011 年城镇登记失业率为 4.1%，即全国城镇平均就业率为 95.9%。我们将 95.9% 作为上限，通过比例换算得出受训人群就业率变化分值为 4.41，通过统计 19 份调研问卷，从表 3－18 的参训人员最近 2 年内从事工作份数数据计算可得出新县“雨露计划”的就业稳定度为 2.79，用参训人员预期当前工作持续时间可以得到就业满意度为 3.95。最终得到，新县“雨露计划”就业效应的分值为 4.67。

**表 3－18　新县“雨露计划”参训人员就业稳定度量、就业满意度化表**

| 最近两年内从事工作份数（量值） | 选择人数（人） | 预期当前工作持续时间（量值） | 选择人数（人） |
| --- | --- | --- | --- |
| 0 份工作（0） | 0 | 3 个月及以内（1） | 0 |
| 3 份工作及以上（1） | 1 | 3－6 个月（2） | 0 |
| 2 份工作（2） | 2 | 6 个月－1 年（3） | 1 |
| 1 份工作（3） | 16 | 1 年以上（4） | 18 |

资料来源：根据调研问卷的数据计算

（3）收入效应评估

**表3－19 新县“雨露计划”收入效应评分表**

| 二级指标 | 分值 | 三级指标 | 分值 |
|---|---|---|---|
| 收入效应 | 4.88 | 受训人群年平均收入变化 | 4.79 |
| | | 收入满意度 | 5 |

资料来源：根据调研问卷的数据计算

衡量“雨露计划”收入效应的三级指标有两个，分别是受训人群年平均收入变化和收入满意度。根据调研数据，从表3－20可以看到新县“雨露计划”参训人员培训后的平均年收入分布。以2011年中国的城镇居民人均总收入23979元人民币[①]为标准，我们将培训后年均收入0－2500元定为0分、2500－8125元定为1分、8125－13750元定为2分、13750－19375元定为3分、19375－25000元定为4分、25000元以上定为5分。通过计算可以得出新县“雨露计划”受训人群年度平均收入变化的分值为4.79。

**表3－20 新县“雨露计划”参训人员培训后的平均年收入分布**

| 平均年收入（元）（量值） | 0－2500（0） | 2500－8125（1） | 8125－13750（2） | 13750－19375（3） | 19375－25000（4） | 25000以上（5） |
|---|---|---|---|---|---|---|
| 人数（人） | 0 | 0 | 0 | 0 | 4 | 15 |

资料来源：根据调研问卷的数据计算

从调研问卷的统计可以看到，19名已经完成培训的学员全部表示对参与培训后的收入水平表示满意，9名正在培训的学员也都全部认为比起未参与培训的同龄人来说，自己会在收入方面存在明显的优势，并有7人预期完成培训后的收入超过25000元、有2人预期为19375－25000元之间。因此我们赋予新县“雨露计划”参训人员收入满意度5分。最终得到，新县“雨露计划”收入效应的分值为4.88。

① 统计局：中国城镇居民2011年人均收入近2.4万元．人民网．http：//finance.people.com.cn/GB/16934145.html.

（4）减贫效果评估

**表3－21　新县“雨露计划”减贫效果评分表**

| 二级指标 | 分值 | 三级指标 | 分值 |
|---|---|---|---|
| 减贫效果 | 4.53 | 受训人群家庭脱贫率 | 4.47 |
| | | 减贫满意度 | 4.58 |

资料来源：根据调研问卷的数据计算

衡量“雨露计划”减贫效果的三级指标有两个，分别是受训人群家庭脱贫率和减贫满意度。从调研数据中，我们得出受训人群经过“雨露计划”培训之后的脱贫率为89.47%，因此该三级指标的分值即为89.47，将其换算成5分制则为4.47分。从调研问卷我们看到，19为已参与培训者有15为对培训的减贫效果非常满意（5分）、2为表示满意（4分）、2为表示不满意（2分），计算可得新县“雨露计划”减贫满意度为4.58。最终得到，新县“雨露计划”减贫效果的分值为4.53。

2. 项目运行分项评估

（1）资助资金运用情况评估

**表3－22　新县“雨露计划”资助资金运用情况评分表**

| 二级指标 | 分值 | 三级指标 | 分值 |
|---|---|---|---|
| 资助资金运用情况 | 3.77 | 计划资金完成率 | 5 |
| | | 培训期间补助金额占学员总支出（含学费、交通费、食宿费等）的比例 | 2.63 |
| | | 资金满意度 | 3.68 |

资料来源：根据调研问卷的数据计算

衡量“雨露计划”资助资金运用情况的三级指标有三个，分别是计划资金完成率、培训期间补助金额占学员总支出（含学费、交通费、食宿费等）的比例与资金满意度。从调研数据可以得到，新县“雨露计划”的计划资金完成率为100%、培训期间补助金额占学员总支出（含学费、交通费、食宿费等）的比例为47.39%，相应的分值为100和52.61，换算成5分制为5和2.63。根据调研问卷19名已参与培训的学员中有5名对资助资金表示非常满意（5分）、4名表示满意（4分）、9名表示一般（3分）、1名表示不满意（2分），计算可得新县“雨露计划”资助资金满意度为3.68。最终可得，新县“雨露计划”资助资金运用情况分值为3.77。

（2）培训主体组织情况评估

**表3－23 新县“雨露计划”培训主体组织情况评分表**

| 二级指标 | 分值 | 三级指标 | 分值 |
|---|---|---|---|
| 培训主体组织情况 | 4.08 | 培训计划完成率 | 5 |
| | | 培训教师占机构教师总数的比例 | 3.46 |
| | | 有专业职业资格证书的培训教师占培训教师总数的比例 | 4.39 |
| | | 补助收入占机构总收入的比例 | 1.6 |
| | | 培训期间学员的辍学率 | 4. 98 |
| | | 学员对培训机构的满意度 | 4.47 |
| | | 培训机构对项目的满意度 | 4.63 |

资料来源：根据调研问卷的数据计算

衡量“雨露计划”培训主体组织情况的三级指标有七个，分别是培训计划完成率、培训教师占机构教师总数的比例、有专业职业资格证书的培训教师占培训教师总数的比例、补助收入占机构总收入的比例、培训期间学员的辍学率、学员对培训机构的满意度、培训机构对项目的满意度。根据调研情况，我们将调研得到的三家培训机构的数据进行整理可以得到，新县“雨露计划”培训计划完成率为100%、培训教师占机构教师总数的比例为69.21%、有专业职业资格证书的培训教师占培训教师总数的比例为87.76%、补助收入占机构总收入的比例为32.07%、培训期间学员的辍学率为0.44%，相应的分值为100、69.21、87.76、32.07与99.56，换算成5分制即为5、3.46、4.39、1.6、4.98。

**表3－24 新县“雨露计划”参训人员对培训机构满意度量化表**

| 满意度（量值） | 不好说（0） | 非常不满意（1） | 不满意（2） | 一般（3） | 满意（4） | 非常满意（5） |
|---|---|---|---|---|---|---|
| 人数（人） | 0 | 0 | 0 | 0 | 10 | 9 |

资料来源：根据调研问卷的数据计算

根据调研问卷统计，从表3－24可以看到，19名已完成培训的学员中有9名表示对“雨露计划”培训项目非常满意、10名表示满意，计算得出学员对培训机构的满意度为4.47。相应的三家被调研的培训机构对“雨露计划”培训项目分别给出了4.6、4.6、4.7的分数，都认为在资助力度方面还有提升的要求。最终得到，新县“雨露计划”培训主体组织情况的分值为4.08。

3. 总体评估

表3－25　新县“雨露计划”实施成效评分表

| 一级指标（权重/%） | 分值 | 二级指标（权重/%） | 分值 |
|---|---|---|---|
| 项目效果评估（55%） | 4.59 | 瞄准效果（25%） | 4.26 |
| | | 就业效应（25%） | 4.67 |
| | | 收入效应（25%） | 4.88 |
| | | 减贫效果（25%） | 4.53 |
| 项目运行评估（45%） | 3.93 | 资助资金运用情况（50%） | 3.77 |
| | | 培训主体组织情况（50%） | 4.08 |

资料来源：根据调研问卷的数据计算

综上所述，再根据前面设置一级指标、二级指标权重，由表3－25中数据可以计算得出对新县“雨露计划”实施成效总体评分为4.29。

## （五）小结

对新县“雨露计划”调研材料分析，我们看出新县“雨露计划”实施成效主要体现在以下几个方面：

首先，新县以人力资源开发为扶贫的主要手段，“雨露计划”项目受益覆盖度高、瞄准性强。比起“十一五”期间全国参加“雨露计划”培训人员占贫困总人口的比例12.43%，新县自“雨露计划”实施以来累计培训总人数占贫困总人口的比例为27.19%，接近贫困人口总数的三分之一。开始“雨露计划”改革试点以来，新县“两后生”参训学员的比重占参训总人数的比重超过三分之二，体现了新县紧跟国家政策指导思想，转变贫困人口“雨露计划”重点与方式。其次，新县的“雨露计划”项目能够有效的提高参训人员收入、改善参训人员就业效果明显，并且在实现参训人员自身脱贫之后达到带动一方、脱贫减贫的效果。尤其是新县在涉外劳务方面的突出成绩，使得新县“雨露计划”参训学院的平均收入远超国内其他试点地区，从调研数据来看，有的学员先涉外务工再回乡创业，年均收入甚至达到了60万元。除了涉外劳务之外，创业培训与支持也是新县“雨露计划”培训的特色方式，培训学员通过创业不仅收入大幅提升，脱离了贫困的境况，同时还为当地的其他贫困人口创造了工作岗位，真正实现了培训一人、脱贫一家、带动一方的预期目标。再次，“雨露计划”在新县的实施得到了政府机构、扶贫办、培训机构等各个环节的支持与配合，资金流动顺畅，培训方式创新。新县“雨露计划”的资助资金计划完成率和培训计划完成率皆为100%，培训机构的学员平均辍学率在0.5%以内，除了这些数据之外，新县拥有涉外劳务培训、创业培训、订单式培训、蓝领班等切合新县实际的多种创新的、特色的培训方式，这些不同层次的培训相辅相成结合为新县“雨露计划”培训这一整体。最后，从主观评价上来看，培训学员、培训机构对新县“雨露计划”培训项目在实施过程中还面临着一些问题，存在需要改进的地方。从调研数据来看，不论是扶贫办、培训机构还是培训学员对“雨露计划”最迫切的需求在于提升补助标准，其次还包括授课方式灵活调整、生源招收范围扩宽等。因此，总结本次调研发现的问题，如何从不同方面持续的改进是下一个阶段所要思考的重点。

**表3－26 新县“雨露计划”实施成效二级指标评分比较（从左至右由高到低）**

| 二级指标 | 收入效应 | 就业效应 | 减贫效果 | 瞄准效果 | 培训主体组织情况 | 资助资金运用情况 |
|---|---|---|---|---|---|---|
| 分值 | 4.88 | 4.67 | 4.53 | 4.26 | 4.08 | 3.77 |

资料来源：根据调研问卷的数据计算

根据我们建立的指标体系，通过对新县“雨露计划”实施情况进行评分，我们发现最后得到各项指标的分值与上述的直观分析较为符合。从表3－26可以看到，新县的“雨露计划”实施成效的六个方面中收入效应最高，达到4.88，其余分值由高到低依次是就业效应4.67、减贫效果4.53、瞄准效果4.26、培训主体组织情况4.08和资助资金运用情况3.77。不难看出新县“雨露计划”的外部效果即对参训人群产生的直接与间接的影响较好，相对而言，其内部效果较弱，尤其是在资助资金运用这一方面存在较大的改进空间。

# 第四章　新县“雨露计划”项目运行模式分析

河南省新县位于河南省最南部，地处大别山腹地，跨长江、淮河两大流域，是集“老、山、边、穷”于一体的国家级扶贫开发工作重点县，也是大别山连片特困地区扶贫攻坚的重点县。为加快扶贫开发步伐，新县从1983年开始在本县域范围内实施农村贫困地区劳动力转移培训工作。在2006年“雨露计划”正式实施以来，尤其是2011年被确定为“雨露计划”实施方式改革试点县以来，新县在总结以往实践经验的基础上，以“雨露计划”实施方式改革试点为切入点，走出了以农村贫困地区劳动力转移培训为特色的扶贫开发道路，被国务院扶贫办王国良副主任称为“职业教育大县，农村贫困地区劳动力转移培训强县”。截至2012年，新县共有“雨露计划”培训基地4个，“雨露计划”累计培训17858人，发放补助资金1510万元，解决3.6万贫困人口的脱贫问题。

在实践中，新县“雨露计划”的运行既结合了“雨露计划”实施以前本县农村贫困地区劳动力转移培训工作的经验，也吸收了“雨露计划”实施过程中的经验。目前，新县“雨露计划”的运行具有以下特点：

## 一、“雨露计划”培训特色突出

新县在“雨露计划”培训的建设方面，立足新县劳动力转动力转移培训经验的基础上，结合“雨露计划”实施中所面临的现实状况，使新县的“雨露计划”培训特色突出，培训机构多元，培训体系多层次，从而促进了新县“雨露计划”培训的建设。

### （一）涉外培训是其最具特色之处

将受训学员的就业瞄准海外的涉外劳务培训是新县“雨露计划”培训的一个显著特点。在新县的4个“雨露计划”培训基地中，除市级培训基地新县职业高中以“两后生”培训为主，县级基地新县农业广播电视学校以农业实用技术培训为主外，其余两个基地——省级基地信阳涉外职业技术学院和县级基地新县红城职业技术学校均在“雨露计划”的实施中进行涉外劳务培训，其中，信阳涉外职业技术学院是涉外劳务培训的骨干力量，被商务部确定为全国4家中韩雇佣制劳务派遣基地。新县“雨露计划”以涉外培训为突出特色是和新县之前劳动力转移培训的经验密切相关，在实践中形成了较为成熟的模式，并取得良好的效果。

1. 涉外培训为特色的原因。该特色的形成和新县在“雨露计划”实施之前所积累经验密不可分。1993 年，考虑到国内就业劳动力市场竞争激烈，工资待遇水平较低的情况，新县将本县域范围内实施的农村贫困地区劳动力转移培训工作的就业去向进行调整，培训对象的就业去向由国内开始转向国外。在“雨露计划”实施以来，新县结合以往农村贫困地区劳动力培训的经验，依旧将涉外培训作为“雨露计划”实施工作的一个重要方向。

2. 涉外培训的模式。对新县“雨露计划”涉外培训模式的分析，将根据新县涉外劳务培训的主干力量——信阳涉外职业技术学院的培训模式进行分析。在培训模式上，涉外劳务培训采取“培训——请进来——走出去”的培训模式。“培训”是指参与“雨露计划”的贫困劳动力首先依托“雨露计划”参与国外企业的订单培训，掌握国外用工企业所需要的农业或工业实用技能，并初步掌握国外生活所需要的语言、素质和法律知识。在外派到国外后，依托“雨露计划”培训基地在国外的办事机构，根据雇主的要求，进行更为细致的相关技能培训。

“走出去”是指培训基地在涉外劳务培训中，坚持以市场为先，组织精干力量考察国外劳务市场，考察国外用工企业的情况，与国外用工企业建立用工关系，为“请进来”打基础。此外，“走出去”还包括培训基地建立对国外就业的“雨露计划”受训学员的跟踪服务机制，保障学员在国外就业的安全与稳定。

“请进来”即培训基地不定期邀请跨国劳务中介公司和国外雇主来进行对“雨露计划”的受训学员进行招聘，与用人单位建立更进一步的长期合作。

3. 涉外培训的效果。新县“雨露计划”涉外培训在积累了实施经验和采取成功模式的基础上，取得了显著的效果。新县在“雨露计划”实施以来，外派劳务数量每年保持在5500 人左右，外派劳务人员年均收入超过 10 万元人民币，年创汇超过 7000 万美元，使全县农村贫困群体人均增收 1500 元。

### （二）培训机构多元化

新县“雨露计划”实施工作中的另一个特点是形成了公办学校和民办学校

互为补充的多元化培训机构。

新县共有4家培训机构承担“雨露计划”培训工作，这4家机构分别是信阳涉外职业技术学院、新县职业高中、新县红城职业培训学校和新县农业广播电视学校。其中新县红城职业培训学校是民办学校，信阳涉外职业技术学院、新县职业高中和新县农业广播电视学校为公办学校。公办学校与民办学校相结合构成了新县“雨露计划”多元化的培训机构。

培训机构的多元化建设使公办培训机构和民办培训学校间互为补充，互为竞争。具体而言，公办学校的教学设施较为完善、师资力量较为雄厚，有效保证了培训质量、培训指标的完成以及培训的稳定性和持续性，而民办学校的办学形式较为灵活，有效弥补了公办学校在教学计划、教学时长等方面不易调整的不足。这种培训参与主体的多元化不仅有效地避免了单一培训主体的垄断行为，同时也在各培训主体之间形成了竞争，有效促进了各培训机构为了完成招生任务，保证生源质量，而不断提高培训质量，创新培训模式，努力抓好就业安置工作。

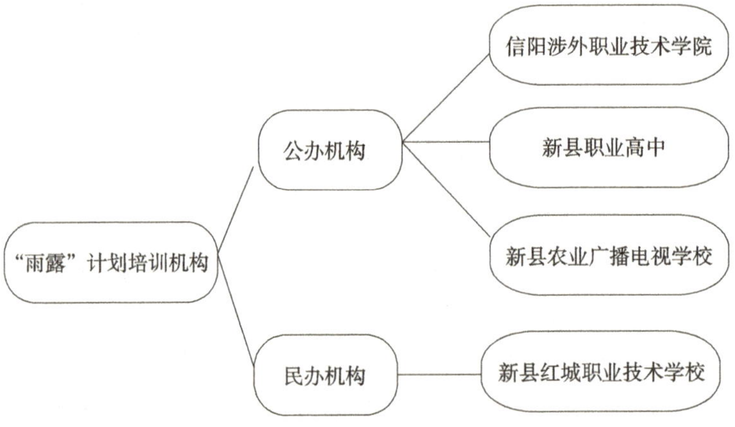


**图4-1　新县培训机构多元化示意图**

## （三）培训体系多层次

经过多年来的探索与实践，新县在“雨露计划”的实施中构建了多层次的培训体系，体现在“雨露计划”培训机构的多层次性、培训内容的多层次性、受训人员就业方向的多层性等。通过建立多层次的培训体系，为新县“雨露计划”的实施起到了促进和推动作用。

1. 培训机构的多层次。培训机构的多层次是指新县“雨露计划”的培训机构包括大中专院校和社会性的培训机构、培训基地的类型覆盖省级基地、市级基地和县级基地。在新县4家“雨露计划”培训机构中，信阳涉外职业技术学院为大专院校，新县职业高中为中等职业技术学校，红城职业技术学校和新县农业广播电视学校为社会性的培训机构。其中，“雨露计划”省级培训基地为信阳涉外职业技术学院，新县职业高中为市级“雨露计划”培训基地，红城职业技术学校和新县农业广播电视学校为县级“雨露计划”培训基地。不同层次的培训机构可以满足不同群体的多样化要求，通过尽可能多覆盖需求多样的群体，扩大了“雨露计划”的实施范围。

2. 培训内容的多层次。培训机构的多层次，必然会带来“雨露计划”培训内容的多样性和多层次性。在实践中，新县不同层次的“雨露计划”培训机构，通过面向不同的群体开设的不同的课程，满足了不同类型群体的培训要求。

信阳涉外职业技术学院主要是面向“雨露计划”农村劳动力转移培训群体和部分“两后生”群体，受训人员以中青年为主，开设的课程以涉外劳务为主，展开订单培训；新县职业高中主要是面向“雨露计划”中的“两后生”群体，也承担一定的“雨露计划”农村贫困地区劳动力转移培训工作，开设的课程中“两后生”课程为相关的职高课程，农村贫困地区劳动力转移培训开展短期技能培训，以上均采取订单培训的方式，去向一般为国内就业；新县红城职业技术学校则以农村贫困地区劳动力转移培训为主，以订单培训的方式进行技能的短期培训，对象包括符合“雨露计划”条件的中青年，就业去向包括国内就业和国外就业；新县农业广播电视学校则采取农村实用技术的短期培训，对象主要是不便参与集中培训的中老年人。

3. 就业方向的多层次。新县“雨露计划”通过多层次的机构和多层次的培训内容，使受训人员的不同培训要求得到了满足。培训学员根据得到的培训不同，其就业去向也不尽相同。与国内其他地区“雨露计划”培训学员的一般在国内就业不同，新县“雨露计划”学员的就业去向除国内就业外，还有一部分学员国外就业。目前，截至2012年累计完成“雨露计划”培训的17858人中，在国外就业人员每年稳定在5000人左右。

综上，多层次的培训体系给新县“雨露计划”的实施增添了活力，各培训机构的培训各有侧重、相互补充，培训使“雨露计划”覆盖率较高，就业去向广，形成了一个有力的培训网络，推动了新县“雨露计划”的实施（表4－1）。

**表4-1　新县“雨露计划”培训体系**

| 培训机构名称 | 培训机构类型 | 主要培训对象 | 培训方式 | 主要培训内容 | 学员主要就业去向 |
|---|---|---|---|---|---|
| 信阳涉外职业技术学院 | 公办大专，省级基地 | 符合“雨露计划”条件中青年农村劳动力转移培训群体 | 订单培训 | 中短期技能和素质培训 | 国外就业 |
| 新县职业高中 | 公办中职，市级基地 | “两后生” | 同上 | 职业高中教育 | 国内就业 |
| 新县红城职业技术学校 | 民办社会型培训学校，县级基地 | 符合“雨露计划”条件的农村劳动力转移培训群体 | 同上 | 中短期技能培训 | 国内就业和国外就业 |
| 新县农业广播电视学校 | 公办社会型培训学校，县级基地 | 符合“雨露计划”条件的中老年群体 | | 短期农村实用技术培训 | 农村就业 |

## （四）注重“素质+管理+创业”的综合素质提升

新县“雨露计划”培训在对学员进行技能培训，传授学生相关技能的同时特别注重对学生综合素质的提升，通过“素质+管理+创业”的培训方式将技能培训、管理知识培训和创业技能培训相结合，以学员心理教育为支持，逐渐形成了以技能、素质、管理及创业为主要内容多管齐下的培训内容体系。技能培训一直是“雨露计划”工作的一个重要方面，新县“雨露计划”培训工作同样注重技能培训，这里主要就新县“雨露计划”培训的新特点进行介绍：

在学员心理教育方面，由于家庭经济条件、社会歧视等方面的原因，受训学员可能会存在一定的自卑心理，并可能会对要求较高的培训课程产生抵触情绪。为此，新县“雨露计划”培训中将学员的心理教育作为开展“雨露计划”的重要支撑。以信阳涉外职业技术学院为例，该培训学校通过学员间监督互评、教师监督评价，对受训学员进行理念教育。主要做法是建立每位学员的思想教育记录本，学员每天填写自己的进步与不足，并进行学员之间的互评，在学员互评的基础上，由专职教师对学员的进步与不足进行再次评价并登记。通过这种方式，学员可以清楚地了解到自己的优缺点，认识到自己可以从哪些方面取得进步。此外，该校还通过向学员教唱《出人头地歌》等歌曲，将通过“雨露计划”培训取得成功学院的事迹进行长期专题展览等形式，提升学员的自信心，使学员认识到自己可以通过努力改变自己的命运，提高学员的自信心。

在素质培训方面，培训机构不仅对贫困学员进行技能素质培训，还通过军训等形式加强体能素质培训，同时聘请相关人员对学员进行涉外法律常识、安全知识、风俗习惯、礼仪常识的教育，向学员传授与雇主处理关系的方法和技巧，强调团队精神的重要性。通过素质培训，学员不仅增强了外出的法律法规、自我保护和自我防范的意识，还增强了履约意识、诚信意识和服务意识。从而使学员在软实力方面能够符合用人单位的要求。

在管理和创业教育方面，新县培训过程中，特别重视加强对贫困劳动力管理能力、创业意识和创业技能的培训。在课程设置上，不仅每个专业都设有企业管理、创业知识的培训课程，而且培训学校定期举办经验交流讲座，邀请成功创业人士作成功事迹报告。进而从理论和实践两方面培养学生的管理意识、创业意识和创业本领，逐步将他们培养成有技能、懂经营、会管理的创业型人才。

## 二、新县“雨露计划”配套服务体系健全

“雨露计划”的实施作为一项系统性的贫困群体人力资本开发建设工作，不仅包括相关的培训机制建设，还需要建立培训的配套服务体系，支持“雨露计划”培训工作的展开。新县在“雨露计划”培训工作的基础上，为了配合培训工作，建立起了较为完善的“雨露计划”配套服务体系建设，该体系具有以下特点：

### （一）建立了“雨露计划”跟踪服务体系

新县“雨露计划”的实施中，采取了“培训—就业—跟踪”一体化的“雨露计划”配套体系建设。在该一体化模式中，培训是就业的基础，就业是培训的目的，跟踪则是稳定就业、保障学院权益的手段。新县“雨露计划”的培训以订单培训为主，相关内容上文已经介绍过，这里重点对跟踪服务体系进行分析。

新县“雨露计划”跟踪服务体系的建设主要包括两个方面，一个方面是学员就业跟踪，另一个方面是权益保护跟踪，在实践中这两个方面的内容通常交织在一起，同时进行。

在就业跟踪服务方面，该跟踪服务包括就业适应期的跟踪和正式就业跟踪两个阶段。在就业适应期阶段，新县各培训机构完成培训学员的任务后，为了落实培训学员的就业安置工作，会派出一定数量的培训教师带领毕业受训学员进入就业单位，与学员一起度过一周到一个月的适应期，在此期间，及时了解学员的思

想动态，帮助他们完善自己的工作技能，尽快适应工作环境。在正式就业阶段，为保证培训质量和效果，培训机构会建立学员就业档案，通过网络、电话等方式与学员每周进行至少一次的联系，将相关联系内容登记到学员就业档案中。此外，培训机构与用工单位保持良好的沟通，定期或不定期的到用工单位审查学员的生活工作情况，或在学员海外就业较为集中的国家如日本、韩国等设立办事机构，对海外就业的学员同样进行走访。培训机构和有关部门对学员和用人企业所反映的就业情况，会通过就业档案进行整合，及时了解受训学员就业的真实情况，随时发现培训机构工作中存在的问题，以便对培训工作进行调整和解决，保证了“雨露计划”培训工作的可持续性。

权益保护跟踪方面，本节开头部分也提到权益保护跟踪和就业服务跟踪是在现实中交织在一起的，权益保护跟踪的程序和就业服务跟踪的程序大致相同。但是，新县在权益保护跟踪上的一个特色是在外地设立相关机构，保障相关学员的权益。目前，新县在北京、大连、武汉等地设有外出务工人员党支部、工会联合会等几个服务部门，专为新县进城务工的农民工进行维权等服务。这些机构虽然不是专门针对“雨露计划”而设置，但是同样惠及到“雨露计划”受训人员。此外，新县还在新县外出务工人员较为集中的苏州、北京等城市与当地医疗机构合作，在当地的医疗机构中设立新县新型农村合作医疗定点医疗机构，打破了新型农村合作医疗的地域限制，为包括“雨露计划”受训人员在内的进城务工人员提供医疗服务，形成了有力的医疗保障体系。

### （二）构建了创业投资机制与激励政策

创业培训作为新县“雨露计划”培训工作中的一个重要环节，为了支持“雨露计划”进行创业，新县建立起了支持创业的政策和机制：

1. 新县出台一系列支持创业的优惠政策。新县在政策上，首先设立了政府支持的创业基金，每年拨付600万元，由事业单位和行政机构的工作人员出面向银行担保，用于支付相关人员向银行贷款用于创业时，所需支付的利息；其次，新县出台了一系列相关文件，吸引“雨露计划”受训人员回乡创业。如新县人民政府出台了《关于促进农民工就业创业工作的意见》、《关于加快蔬菜产业和畜牧业发展的意见》等来吸引外出务工人员回乡创业，使参与“雨露计划”培训外出务工回乡人员赚回的资金能够得到充分利用，让他们的技术和管理优势得以充分发挥；最后，新县政府在行政服务上对创业人员进行支持。新县对这些创业人员在相关证照办理、用地用电方面给予政策上的倾斜和扶持，强力支持外出务工人员回乡创业。

2. 新县设立了专门的创业服务机构。新县成立了创业者协会，定期组织扶贫办、农业局、畜牧局等部门对返乡创业人员进行创业指导，提供他们创业信息，帮助他们解决创业过程中遇到的难题。同时，依托创业者协会，新县还不定期召开创业人员表彰大会，汇报成功创业人员的先进事迹，在全县范围内推广成功创业经验，宣传创业优惠政策，为创业人员搭建了沟通交流的平台，激发了外出务工人员回乡创业的热情。

通过这一机制和政策，以推动“雨露计划”受训学员回乡创业为契机，新县成功招回九龙公司、金鼎实业等一大批“雨露计划”受训学员所创办的企业回新县投资，壮大了县域经济，带动了新县扶贫开发力度。

## 三、新县“雨露计划”实现了“两个转变”

新县通过“雨露计划”获得了良好的减贫效果，截至 2012 年，新县“雨露计划”累计培训 17858 人，解决 3.6 万贫困人口的脱贫问题，使农民人均收入增加 1500 元。在实践分析中，新县“雨露计划”除了取得良好的减贫效果外，还实现了“雨露计划”受训学员从农民到工人，从工人到创业者的转变以及个体效应向群体效应的转变。

### （一）从农民到工人，从工人到创业者的转变

在新县“雨露计划”已培训的 17858 名农村贫困劳动力中，这些劳动力通过培训掌握了 1－2 门专业技能或实用技术，增强了就业能力。由于培训机构与用工单位有着长期合作关系，采取订单培训，这些农村贫困劳动力完成培训后，直接走向工作岗位，使就业得以实现，实现了从贫困农民到工厂工人身份的转变。此外，经过培训的农村贫困劳动力具备一定的技能，能够从事技术性工种，使收入较体力劳动有一定的增加。收入的增加，缓解了受训学员的生存压力，使其具备了一定的资金积累，且通过企业的实践增强了他们相关的管理经验，从而使该人群创业的信心和决心。最后，在新县相关政策的扶持下，“雨露计划”可以较为顺利的回乡进行创业。

以新县“雨露计划”培训中海外就业的学员为例。海外就业人员的工资水平一般为年均 10 万元，通过海外就业，这部分人员积累了资金，扩大了视野，积累经验，在合同期满后一般会选择回到新县创业。截至目前，新县回国劳务人

员累计投融资4.2亿元，创办建筑、装潢公司100多家，开办日式、韩式餐厅、农家饭庄100多家，养殖场农业园数十个。对个人来讲，实现了从农民—工人—创业者的跨越式转变。

### （二）从个体效应向群体效应转变

个体效应向群体效应的转变是指新县“雨露计划”不仅带动了贫困个体的减贫，还覆盖到了相关群体。首先，新县“雨露计划”的实施实现了贫困个体和周边的减贫。新县通过“雨露计划”，大力实施“创业培训”以及农村劳动力技能培训，使符合条件的农村贫困劳动力掌握了相应的专业技术或实用技能，增加了受训者的收入，这也在很大程度影响了受训者身边的人，包括家人、同学等，使身边人也积极参与到“雨露计划”，形成良性循环。其次，由个体效应引发的群体效应还体现在回乡创业者带动共同富裕上，新县政府通过鼓励外出务工人员回乡创业的政策，激发了“雨露计划”外出务工者返乡创业的积极性，“雨露计划”受训人员通过回乡创办的相关企业还带动了其他贫困人口的就地就业。据新县扶贫办的不完全统计，新县“雨露计划”回乡创业人员所开办的企业带动1.5万多名农村富余劳动力就业，从而实现了从创业经营户到带领贫困劳动力发展就业，由个体效应引发了群体效应。

# 第五章 “雨露计划”对人力资源建设和城镇化发展的影响

“雨露计划”作为一种赋能型的扶贫开发方式，是通过对人力资本的投资来解决贫困人口的贫困问题，从而促进人力资本建设和推进城市化发展。本部分在前文分析的基础上，首先建立“雨露计划”对人力资源和城镇化影响的分析框架，设计“雨露计划”对人力资源和城镇化影响评价的指标体系（以下简称“雨露计划”影响评估指标体系）；其次结合本研究团队赴河南新县的调研数据和调研资料，分别具体分析了“雨露计划”对人力资源建设和城镇化发展的影响，并根据分析的结果对“雨露计划”给人力资源建设和城镇化发展带来的影响进行了评价；最后本部分将“雨露计划”对人力资源建设和城镇化发展的影响进行了综合分析，对二者间的相互影响进行了分析。

## 一、“雨露计划”对人力资源建设和城镇化发展影响评估指标体系

根据合理性、全面性、可操作性等几个原则，为了更全面的分析“雨露计划”对人力资源建设和城镇化发展的影响，本研究通过选取具有可参考性的三级评价指标建立“雨露计划”影响评估指标体系分析“雨露计划”对人力资源及城镇化的影响，该指标体系共包括一级指标 2 个、二级指标 3 个和三级指标 10 个。

本研究将从对人力资源建设与对城镇化建设的影响评估两个方面出发评估“雨露计划”对人力资源建设和城镇化建设的影响。其中“雨露计划”对人力资源的影响评估将结合监测数据和调研资料从素质文化提升、就业结构这两个方面进行多维度的综合评价。对城镇化建设的影响则主要考察“雨露计划”对受训人员在城镇就业与生活的影响。上述的影响评估均基于在问卷调查、座谈、访谈和相关资料所获得的数据进行的，是对“雨露计划”在实施过程中相关影响的案例分析与经验总结。

## （一）“雨露计划”影响评估指标体系的构建

“雨露计划”影响评估指标体系的一级指标共分为两类，分别是：“雨露计划”对人力资源建设的影响和“雨露计划”对城镇化发展的影响。一级指标下的二级指标共分为3类，其中关于“雨露计划”对人力资源建设影响的二级指标2个，“雨露计划”对城镇化发展影响的二级指标1个。涉及“雨露计划”对人力资源建设影响的三级指标共6个，“雨露计划”对城镇化发展影响的三级指标4个。

1. “雨露计划”影响评估指标体系的一级指标

“雨露计划”影响评估指标体系的一级指标共分为“雨露计划”对人力资源建设的影响和“雨露计划”对城镇化发展的影响这2类。“雨露计划”对人力资源建设的影响评估主要评价“雨露计划”对人力资源建设的影响；“雨露计划”对城镇化发展的影响评估则是分析评价“雨露计划”对城镇化建设的促进作用。此外在二者间的关系上，这2个一级指标所反映的既相互独立，也会相互影响，贫困人群人力资源的建设会推动他们在城镇化的作用，而这类人群在城镇化中通过环境的改善也会影响这类人群的人力资源建设（图5-1）。

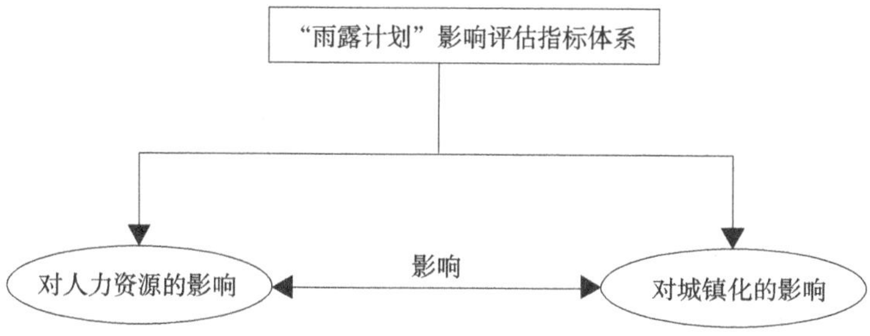


**图5-1 “雨露计划”影响评估指标体系的一级指标**

得出上述分类的原因主要有以下两点：第一点，以人力资源建设和城镇化为出发点评估“雨露计划”的影响具有创新性。之前的相关研究中，分析评估“雨露计划”对人力资源建设的影响与对城镇化建设这两个方面的研究还相对较少，从这两点来对“雨露计划”的影响进行评估是一个创新，能进一步推动“雨露计划”的相关研究。第二点，这种分类方法是三级指标归类分析的结果。在选出的三级指标基础上，为了保证逻辑清晰、内容全面，具有创新性，在经过多次调整所形成现在的三级指标的基础上，最后归总为这两个一级分类。

2. “雨露计划”影响评估指标体系的二级指标

在“雨露计划”影响评估指标体系中，一级指标下存在3个二级指标，其中评估人力资源建设影响的二级指标包括素质文化提升和就业结构这2个二级指标，这2个指标的选择是基于素质文化变动使人力资源建设情况的直接反映，就业结构的变动是素质文化变动的一个反映，进而是人力资源建设情况的间接反映这一逻辑；评估人力资源建设影响的二级指标包括城镇生活和就业这1个二级指标，虽然二级指标的数量相对较少，但是该指标涵盖了贫困受训人员在城镇化过程中的就业情况和生活情况这两个最基本的要素（表5-1）。

这些二级指标的确定依旧采取了归类指向的方法。即在确定了一级指标和选择了相关的三级指标后，三级指标先按一级指标指向归类，然后，一级指标内的众三级指标再按其性质接近程度再归类。根据该方法所确定的相关二级指标一方面是对所对照的一级指标的扩展，同时也是对所属三级指标的归纳。

**表5-1　“雨露计划”影响评估指标体系二级指标**

| 一级指标 | 二级指标 |
|---|---|
| 人力资源建设 | 素质文化提升 |
| | 就业结构 |
| 城镇化建设 | 城镇生活与就业 |

3. “雨露计划”影响评估指标体系的三级指标

“雨露计划”影响评估指标体系的三级指标共包括10个，是评估“雨露计划”对人力资源和城镇化影响的基础性指标。这10个三级指标的选定基于和研究主题相关、数据可获得、研究方法全面的考虑来进行选取。和研究主题相关是指这10个指标要能够切实反映“雨露计划”对人力资源建设和城镇化发展的影响，数据可获得指的是这些三级指标能够通过相关资料或问卷调查获得，研究方法全面是说三级指标既能从客观角度反映“雨露计划”的相关影响，也能从主观评价的角度分析“雨露计划”的影响。

涉及“雨露计划”对人力资源建设影响的三级指标共6个，其中素质文化提升二级指标下的三级指标为受训者接受培训的时限、拥有专业技术等级证书的比例（培训期间以及毕业1-2年内）、培训及格率。就业结构二级指标下的三级指标为受训人员进入企业就业的比例、受训人员自主创业的比例、受训人员登记失业的比例。“雨露计划”对城镇化发展影响的三级指标4个，为受训人群中在城镇就业和居住半年以上的比例、受训人群中在城镇居住半年以上的比例、受训人群中获得城市人口所占比例、城镇就业及生活满意度（表5－2）。

**表5－2 “雨露计划”影响评估三级指标**

| 一级指标 | 二级指标 | 三级指标（具体指标） |
|---|---|---|
| 人力资源建设 | 素质文化提升 | 受训者接受培训的时限 |
| | | 拥有专业技术等级证书的比例（培训期间以及毕业1－2年内） |
| | | 培训及格率 |
| | 就业结构 | 受训人员进入企业就业的比例 |
| | | 受训人员自主创业的比例 |
| | | 受训人员登记失业的比例 |
| 城镇化建设 | 城镇生活与就业 | 受训人群中在城镇就业和居住半年以上的比例 |
| | | 受训人群中在城镇居住半年以上的比例 |
| | | 受训人群中获得城市人口所占比例 |
| | | 城镇就业及生活满意度 |

## （二）“雨露计划”影响评估指标体系的权重与分值设置

为了进一步分析“雨露计划”对人力资源建设和城镇化发展的影响，在“雨露计划”影响评估指标体系的基础上，对相关指标进行赋权、评分，通过相关的加权评分，对“雨露计划”的影响进行直观的评估。

1. 一、二级指标的权重设置

在“雨露计划”影响评估过程中，由于对人力资源建设影响和对城镇化建设影响是两个较为独立的一级指标，都是“雨露计划”相关效果的间接体现，在赋权时，所赋权重不宜差异过大，以免影响相关分析。因此在进行赋权时，人力资源建设和城镇化建设这两个一级指标的权重均为50%。

和一级指标相对应，二级指标的权重则在两个一级指标框架内分别确定的。在每个一级指标下，二级指标的权重合计为100%。在人力资源建设的一级指标下，由于素质文化提升是人力资源建设的重要内容，就业结构的变化是素质文化提升的反映，是人力资源建设的效果，其中素质文化提升其相对基础的作用，因此对素质文化提升赋权55%，对就业结构赋权45%。在城镇化建设的一级指标下，由于仅有城镇生活与就业这一个二级指标，故直接对其赋权100%。

表5-3　“雨露计划”影响评估三级指标权重

| 一级指标 | 权重（%） | 二级指标 | 权重（%） |
|---|---|---|---|
| 人力资源建设 | 60 | 素质文化提升 | 55 |
| | | 就业结构 | 45 |
| 城镇化建设 | 40 | 城镇生活与就业 | 100 |

2. 三级指标的分值和权重设置

在进一步的分析过程中，为了使相关的评价能够量化，特对该指标体系中的三级指标进行了分值设置。基于分值的准确性、分值的适用性、分值的可对比性，结合问卷调查的具体设置，对三级指标设置的分值标准均为百分制，但相关的评分标准不同：其中受训者接受培训的时限只要受训者完成了时间要求内的培训，即评为100分，否则根据完成培训的相关人员比例乘以100分打分；拥有专业技术等级证书的比例（培训期间以及毕业1-2年内）、培训及格率、受训人员进入企业就业的比例、受训人员自主创业的比例、受训人群中在城镇就业和居住半年以上的比例、受训人群中在城镇居住半年以上的比例、受训人群中获得城市人口所占比例则根据相关比例乘以100分进行打分；受训人员登记失业的比例则为（1减去相应比例）后乘以100分进行打分；城镇就业及生活满意度则将“基本满意”和“非常满意”的人数比例乘以100分进行打分。

此外，需要注意的是，由于城镇化建设一级指标的二级指标只有一个，因此需要对该一级指标下的三级指标进行赋权。由于受训人群中在城镇就业和居住半年以上的比例、受训人群中在城镇居住半年以上的比例、受训人群中获得城市人口所占比例、城镇就业及生活满意度在一个一级指标下，所反映的是同一个内容，因此均赋权为25%。

同样，对于二级指标素质文化提升和结业结构下的三级指标，由于这些三级指标所反映的是同一个内容，因此对这些三级指标也采取平均赋权，每一指标赋权为33%。虽然这样的赋权由于四舍五入，会出现误差，但并不影响总体情况的评价。

**表 5－4　“雨露计划”影响评估三级指标的权重和分值设置**

| 一级指标 | 二级指标 | 权重（%） | 三级指标 | 分值 | 权重（%） |
|---|---|---|---|---|---|
| 人力资源建设 | 素质文化提升 | 55 | 受训者接受培训的时限 | 百分制 | 33 |
| | | | 拥有专业技术等级证书的比例（培训期间以及毕业 1—2 年内） | 百分制 | 33 |
| | | | 培训及格率 | 百分制 | 33 |
| | 就业结构 | 45 | 受训人员进入企业就业的比例 | 百分制 | 33 |
| | | | 受训人员自主创业的比例 | 百分制 | 33 |
| | | | 受训人员登记失业的比例 | 百分制 | 33 |
| 城镇化建设 | 城镇生活与就业 | 100 | 受训人群中在城镇就业和居住半年以上的比例 | 百分制 | 25 |
| | | | 受训人群中在城镇居住半年以上的比例 | 百分制 | 25 |
| | | | 受训人群中获得城市人口所占比例 | 百分制 | 25 |
| | | | 城镇就业及生活满意度 | 百分制 | 25 |

## 二、“雨露计划”对人力资源建设和城镇化发展影响的评价

在“雨露计划”对人力资源建设和城镇化影响的评价的指标体系的基础上，本部分以河南新县获得的调研材料为依托，结合实地调研情况，通过“雨露计划”影响评价指标体系分析“雨露计划”对人力资源建设和城镇化发展的影响。

### （一）样本说明

在分析中所采取的资料，主要是河南新县调研时通过问卷调研、座谈、数据搜集等来获得相关资料。此次调研过程中总共收回有效问卷 44 份，其中已完成

培训人员的问卷19份，本部分的分析主要根据这19位已完成培训人员的情况来进行。这19份问卷所呈现出来的特征和44份问卷所呈现的总体特征吻合，在某些方面甚至比总体特征更加突出。

首先，对妇女的关注倾向更弱。已完成培训人群的性别比例如表5－5所示，接受调研的已完成培训的男性达到16人，在接受调研的已完成培训的人群中所占比例为84.21%，明显高于男性在全部调研人群中所占的比例70.45%；女性则只有15.79%。因此，对已完成“雨露计划”培训的妇女人群的关注仍然是有所欠缺的。

**表5－5　接受调研的完成“雨露计划”培训人群的总体性别情况**

| 性别 | 女 | 男 | 合计 |
|---|---|---|---|
| 人数（人） | 3 | 16 | 19 |
| 百分比（%） | 15.79 | 84.21 | 100 |

资料来源：根据调研问卷数据汇总计算

其次，对中青年的关注倾向更强。从问卷人群的年龄分布上看，已完成“雨露计划”培训的受访人群平均年龄为32岁，和全部受访人群相比，平均年龄提高1.63岁，中位数为30岁，众数为34岁，不存在45岁以上的受访对象。即本次调研中已完成“雨露计划”的问卷人群整体上以中青年人为主，并更加倾向中年人（表5－6）。

**表5－6　接受调研的完成“雨露计划”培训人群的年龄情况**

| 人群类型 | 全体受访者 | 完成“雨露计划”的受访者 |
|---|---|---|
| 平均年龄（岁） | 30.1837 | 32 |
| 年龄中位数（岁） | 27 | 30 |
| 年龄众数（岁） | 21 | 34 |

资料来源：根据调研问卷数据汇总计算

最后，由于新县在2011年才开始进行“雨露计划”实施方式改革试点工作，至今不过2年，参与“雨露计划”实施方式改革试点的对象还未毕业。因此，这19位已完成“雨露计划”培训的人员不包括“雨露计划”实施方式改革试点的收益对象，需要在今后对这部分人群进行进一步的评估。

## （二）“雨露计划”对人力资源建设的影响

根据人力资本理论和能力贫困理论，“雨露计划”作为一种赋能型扶贫工作开发方式，主要是对贫困人口进行人力资本投资来解决贫困问题的。“雨露计划”对人力资源建设的影响首先体现在对贫困人群素质文化的影响上，其次体现在对贫困人群就业结构的影响，最后体现在对贫困人口的下一代人力资源的影响。

1.“雨露计划”使贫困人群的素质文化得到了提升。根据调研情况，总体来看，“雨露计划”在贫困人口的素质文化提升方面取得了一定成效，这主要体现在接受访问的培训人员按时按量完成了培训，并全部培训合格，且大部分在培训期间和毕业 1－2 年时间内获得了相应的资格证书。这些都体现了“雨露计划”人力资本投资的效果，从而增强了受训学员在劳动力市场上的竞争能力。

一方面，合格完成相关培训使受训人员获得了相关技能，为学员在劳动力市场上竞争力的提升打下了初步基础。19 名已完成培训的被调查人员所接受的全部是 1 年期以内的短期培训，且全部培训合格，这在一定程度上表明学员获得相应的知识和技能，能够在一定程度上适应市场对技能和知识的要求。“雨露计划”的短期培训具有培训期短、见效快的特点，能够在较短的时间内提高受训人员的技术水平。加之，“雨露计划”短期培训所采取的方式以“订单培训”为主，根据企业的要求对学员进行培训，能较好地保证学员所学符合企业的要求，提升了受训人员在劳动力市场的竞争力。培训基地和当地扶贫部门在培训结束后会对接受培训的人员进行考核，如果考核不过关则无法保证能进入效益较好的企业，这在一定程度上促使参与“雨露计划”的学员加强自身技能的学习。

另一方面，大部分受训学员在较短的时间内获得技术等级证书，为学员在劳动力市场上提升自己的竞争力进一步奠定了基础。获得专业技术等级证书说明经过“雨露计划”培训的学员在技术水平和文化素质方面能够符合国家相关职业工种的要求，表明相关学员可以胜任若干对技术水平有较高要求的工作。

根据调研的数据，在 19 名已完成培训的被调查人员中，已经有 12 人获得了相关的技术等级证书，未获得技术等级证书的 7 人也通过了企业的考核，成为企业的技术骨干。而符合参与培训的条件但未参与培训的人员无一人获得相关的职业资格证书，无一人成为企业技术骨干（表 5－7）。

**表5－7　已完成培训人员与满足条件但未参与培训人员的技术水平比较**

| | 被调查总人数（人） | 获得职业资格证书（人） | 成为企业技术骨干（人） |
|---|---|---|---|
| 已完成培训人员 | 19 | 12 | 7 |
| 满足条件但未参与培训人员 | 16 | 0 | 0 |

资料来源：根据调研问卷数据汇总计算

2. “雨露计划”使贫困人群具备获得更高层次就业的能力。通过接受“雨露计划”的相关培训，贫困人群具备获得更高层次就业的能力。这体现在受训贫困群体的就业结构得到了优化，受训人员进入企业，尤其是发展势头良好的企业的比例较高，自主创业人员的比例显著。

这是因为“雨露计划”使受训贫困人群素质文化得到提升，意味着该群体在劳动力市场上相对来说处于优势地位，其掌握的技能能够较好地满足用工企业的要求，从而进入福利待遇较好的企业，获得较高的收入。[①] 更进一步地来讲，进入较好的企业能够开拓相关人员的视野，获得的较高收入和较为先进的理念则为“雨露计划”受训人群进行创业奠定了基础。

如表5－8所示，在所调查的19名已完成培训人员中现已有11人选择了创业，成为了老板；有8人在海尔、劲霸男装、双星等发展良好、具有较高福利水平的企业工作，且这8人均为所在企业的班组长，成为了企业的管理人员。与之相对应，符合条件却未参与“雨露计划”培训的16人中，无一人进行创业活动，虽然这16人也进入了富士康等企业就业，但所从事的是流水线装配等技术含量相对较低的工作，劳动强度大、福利待遇相对不足，并且16人中仅有2人成为所在企业的班组长。

**表5－8　已完成培训人员与满足条件但未参与培训人员的就业情况比较**

| | 总数（人） | 创业（人） | 成为企业管理人员（人） |
|---|---|---|---|
| 已完成培训人员 | 19 | 11 | 8 |
| 满足条件但未参与培训人员 | 16 | 0 | 2 |

资料来源：根据调研问卷数据汇总计算

值得注意的是，已经创业的11名人员均参加过涉外劳务培训，并在日本从事过至少1年的劳务活动，这对其收入大幅提升，取得创业资金，获得先进的管理理念，进行创业起了至关重要的作用。收入的显著提升，为受训人员进行创业

① 关于收入的提升情况在本文第三部分中有详细的分析，这里不再赘述.

做了资金准备，获得先进的理念则为受训人员进行创业后的管理打下了基础。

因此，“雨露计划”使贫困人群具备获得更高层次就业的能力方面存在着两个阶段，首先使贫困人群的素质文化得到较大提升，从而使受训人员能够进入技术要求更高的企业，使这部分受训人员的工作起点与为受训人员相比就处于较高水平，实现了就业能力和就业结构的第一次优化；其次，受训人员初次就业水平较高为贫困人群的自身发展奠定了一定的基础，一方面，这会使受训人员的收入显著增加，另一方面，也会使受训人员接触更加先进的企业管理方式，通过接触企业管理方式来提升自身的素质，提高这一群体思想观念与管理理念。这就为贫困人群进一步的提升打造了一定的平台，为这部分人群实现由员工到企业家，由一般劳动者到管理人员的转变，实现就业能力的进一步优化提供了保障。

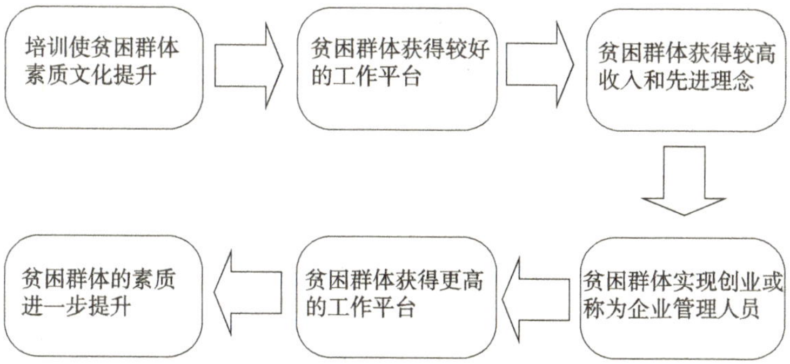


**图5－2 “雨露计划”对受训贫困群体自身人力资源建设的影响途径**

综上所述，“雨露计划”对贫困群体自身人力资源建设的影响是积极有效的，并且对人力资源建设存在着一个较为明显的影响机制：第一，通过培训使贫困群体的素质文化得到提升；第二，素质文化的提升使贫困群体能够获得较高的工作平台，实现就业结构的初次优化，进而实现就业能力的初步优化；第三，较高的工作平台不仅提升了贫困群体的收入，也使这一群体获得了先进的理念；第四，贫困群体依托这一工作平台上能够较快的实现由员工到企业家，由一般劳动者到管理人员的转变，实现就业能力和就业结构的二次优化；最后，就业能力就业结构的优化反过来影响了这一群体自身的素质，使这一群体的素质得到进一步提升。

3. “雨露计划”使贫困人口下一代的素质得到提升。上述分析只是根据“雨露计划”的影响评估指标体系，分析了“雨露计划”对受训贫困群体自身人力资源建设的影响。结合调研中所获的相关资料，“雨露计划”不仅对受训贫困群体自身人力资源的建设产生了积极影响，也会对贫困群体下一代人力资源的建设产生正面的影响，这主要表现在“雨露计划”使贫困人口下一代的素质得到提升。

调研的数据也反映了这一点，接受调研已完成培训的19名人员的子女中共有24人，子女年龄在20—25岁的有8人，均已进入本科和本科以上阶段学习；而符合条件却未参与“雨露计划”培训的16人，共有子女18人，年龄在20—25岁的有5人，只有2人进入高职高专学习，其余均外出务工。

**表5－9　已完成培训人员与满足条件但未参与培训人员的20－25岁子女受教育情况对比**

| | 总数（人） | 进入本科和本科以上阶段学习人数（人数） | 进入高职高专学习 | 外出务工 |
|---|---|---|---|---|
| 已完成培训人员子女年龄在20－25周岁的人数（人） | 8 | 8 | 0 | 0 |
| 满足条件但未参与培训人员子女年龄在20－25周岁的人数（人） | 5 | 0 | 2 | 3 |

资料来源：根据调研问卷数据汇总计算

造成这种现象的原因在于通过“雨露计划”可以减少贫困的代际传递，提升相关人群下一代的素质。如图5－3所示，在贫困人口的上一代缺乏物质资本的条件下，贫困人口下一代的素质在很大程度上不会得到较大提高，这是因为：贫困家庭因为贫困，缺少物质资本，无法对子女进行人力资本投资，其后代就享受不到良好的教育，从而引起人力资本的退化，使子女在劳动力市场不具有竞争力，获得不了良好的工作平台；由于物质资本匮乏，贫困家庭缺少物质资本的投入，其生产方式得不到改善、生产结构得不到调整，进而无法提高收入水平，限制了对贫困家庭子女人力资本的投资；因为缺少物质资本，就限制了贫困家庭的活动范围和自由，因而使贫困家庭游离于主流社会之外而日益边缘化，使贫困家庭子女的思想观念难以提升。

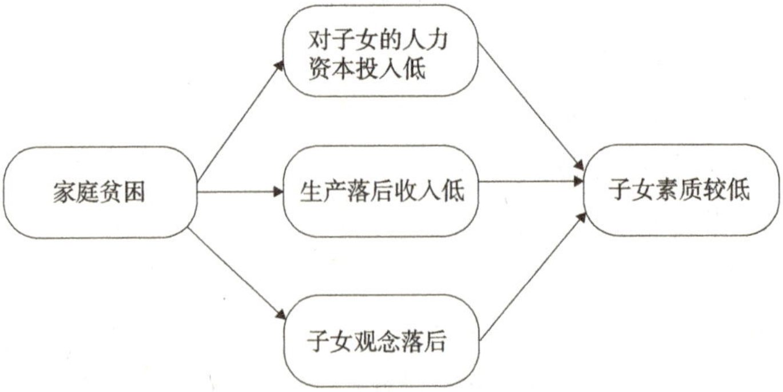


**图5－3　家庭贫困对贫困家庭子女素质的影响**

要解决这一问题，很重要的一环是提高贫困家庭所拥有的物质资本，而“雨露计划”则在一定程度上可以提高贫困家庭所拥有的物质资本，从而解决贫困家庭子女人力资本提升难的问题。

如上文所述，完成“雨露计划”培训的贫困群体可以获得较高的收入，并使自身的就业结构得到优化，并获得收入的显著提升，这就解决了上一代人的贫困。在上一代人的贫困问题消除后，原先的贫困家庭可以加大对下一代的人力资本投入，改善生产生活条件，使下一代人能够接受更好的教育，接触更加良好的环境，为下一代人提升自己的素质，进入高层次的就业领域奠定了基础（见图5-4）。

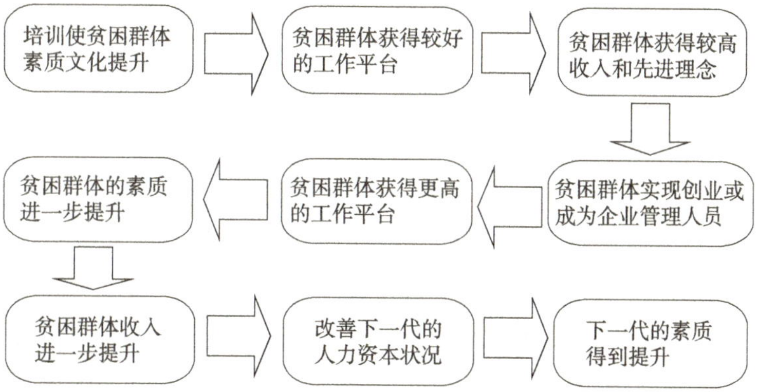


**图5-4　“雨露计划”对受训贫困群体自身及其子女人力资源建设的影响途径**

## （三）“雨露计划”对城镇化发展影响的评价

“雨露计划”通过技能培训使农村贫困人群进入城市，在一定程度上推动了我国城镇化的建设，这种推动作用是通过稳定受训贫困群体在城镇的工作与生活来实现的，“雨露计划”对城镇化建设的影响主要体现在以下三个方面：

1. 完成培训人员在城市中居住和工作更稳定。在我国的相关统计中，将在城镇中居住半年以上的人群纳入到城镇化的相关统计。根据调研情况，经过“雨露计划”培训的相关学员，在城市中居住和工作半年以上的情况较为稳定，“雨露计划”通过稳定相关学员在城市的居住和工作状况，在统计方面为城镇化的发展做出了相应推动。

从19份已完成培训人员的调研问卷和16份未参与培训人员的调研问卷来看，已完成“雨露计划”培训的人员在城市中居住和工作的稳定性要明显高于符合参与培训的条件但未参与培训的人员。在19名已完成培训的人员中已就业人员在城镇就业半年以上的人数均为19人，已就业人员在城镇就业半年以上的比例和已就业人员在城镇居住半年以上的比例均达到了100%，分别比未参与培训人员的相关比例提高 27.1828% 和 36.184%（见表 5－10），这体现了“雨露计划”培训对提升贫困人口在城市中工作与生活的稳定性产生了积极的效果。

**表 5－10　已完成培训人员与满足条件但未参与培训人员的城市就业稳定性情况比较**

| 类型 | 总人数（人） | 就业人数（人） | 已就业人员在城镇就业半年以上的人数（人） | 已就业人员在城镇就业半年以上的比例（%） | 已就业人员在城镇居住半年以上的人数（人） | 已就业人员在城镇居住半年以上的比例（%） |
|---|---|---|---|---|---|---|
| 已完成培训人员 | 19 | 19 | 19 | 100 | 19 | 100 |
| 满足条件但未参与培训人员 | 16 | 11 | 8 | 72.1872 | 7 | 63.186 |

注：已就业人员在城镇居住半年以上的比例是在城镇居住半年以上的人员占已就业人员的比例；将时间限定在半年以上是因为进城务工半年以上的农民工被国家统计在城镇化指标中。

资料来源：根据调研问卷的数据计算

这种在城市中居住和工作较高的稳定性是通过“雨露计划”受训人员人力资源建设而获得的。“雨露计划”首先使完成培训的受训人员获得了相关技能和知识，进入待遇较高的就业单位，从而使受训人员获得较高的收入水平，进一步促使受训人员创业或成为企业的管理人员，这样就使受训人员能够在城市中获得相对稳定的就业与工作环境，进而可以将这部分人群稳定在城镇。

2. 完成培训的人员更容易获得城镇户口。虽然，“雨露计划”通过稳定相关学员在城市的居住和工作状况，在统计方面为城镇化的发展做出了相应推动，但使受训人员在城市工作和生活半年以这种推动还只是初步的推动，在我国现行户籍制度下，存在着明显的城乡二元分割局面，城镇户口隐藏着更多含金量，包括就业、住房保障、医疗、教育、社会保障等等。进城务工半年以上的受训人员虽然被官方统计在城镇化数据中，但实际上并没有真正进入城市，获得相关福利，只是处于城市和农村间的夹层，并没有真正融入城市。

而通过经过“雨露计划”的培训人员，在已经进城务工半年以上、有稳定劳动关系的情况下则可通过一定的途径可以较易获得城镇户口，真正实现由农民到城市居民的转变，真正融入城市。

在受访的 19 名已完成“雨露计划”培训的人员中，在城镇就业和生活半年以上的有 19 人，其中有 5 人获得城镇户口，占总人数的 25%，而满足条件但未参与培训的 16 名人员中，虽然有超过半数的 11 名人员在城镇就业和工作了半年以上，但却无一人获得城镇户口，这 11 名人员依旧是农村户口（如表 5－11）。

**表 5-11 已完成培训人员与未参与培训人员获得城镇户口情况比较**

| 类型 | 总人数（人） | 就业人数（人） | 获得城镇户口人数（人） | 获得城镇户口人数占总人数的比例（%） |
|---|---|---|---|---|
| 已完成培训人员 | 19 | 19 | 5 | 25 |
| 满足条件但未参与培训人员 | 16 | 11 | 0 | 0 |

资料来源：根据调研问卷的数据计算

在5名获得城镇户口的完成培训的受训人员中，自主创业的比例为100%，这些人员通过自主创业，获得了资金积累，符合了相应的“农转非”条件，从而在户籍上实现了真正融入城市。而获得相应的资金积累，符合相关户籍政策的要求，也是“雨露计划”的相关培训提升了受训人员素质文化，进而提升这部分人员收入的结果。

3. 完成培训人员对城镇就业及生活的满意度较高。“雨露计划”对相关人群城镇就业及生活的满意度也产生了一定的作用，总体来看，完成“雨露计划”培训人员对城镇就业及生活的满意度高于未参与培训的人员。

如图5-5所示，19名已完成培训的被调查人员中对城镇就业及生活表示“非常满意”的有6人，“基本满意”的有11人，“不好说”的有2人，对城镇就业及生活表示“非常满意”和“基本满意”的人员比例为89.1846%；16名未参与培训的被调查人员对城镇就业及生活表示“基本满意”的有6人，“一般”的有9人，“不满意”的有1人，对城镇就业及生活表示“基本满意”和“非常满意”的比例为37.185%，明显低于已完成培训的被调查人员的比例。

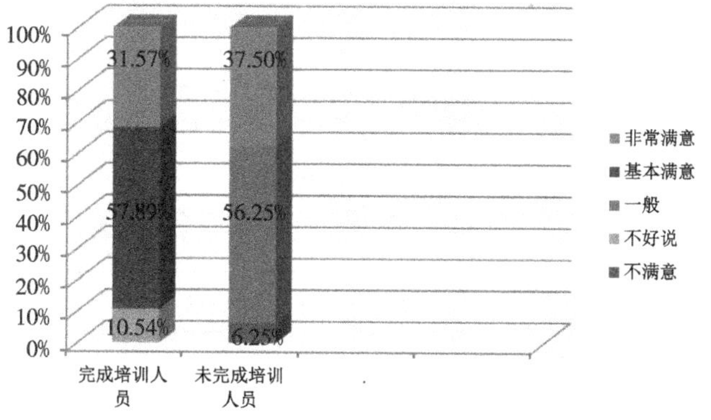


**图 5-5 已完成培训人员与未完成培训人员对城镇就业及生活的满意度对比**

资料来源：根据调研访谈材料整理

已完成培训的人员对城镇就业及生活的满意度较高，原因在于该类人群在城市中的工作相对稳定，收入水平相对较高，从而使其能够应付城镇生活的开销，并可以获得更好的服务。而该类人群在城市中的工作相对稳定，收入水平相对较高的原因也在自身能力的提升，该类人群通过“雨露计划”的培训获得了技能，能够适应市场的需求，从而能提升自身的收入水平，跻身较好工作单位，或进行创业，进而使自身的收入和相关素质能够适应城市生活的要求，享受相关服务，从而自身的满意度较高。

## 三、总体评价

为了进一步分析“雨露计划”对人力资源建设和城镇化发展影响，本部分将依据对指标体系赋予的权重和分值，对“雨露计划”的相关影响进行量化，并分析“雨露计划”对人力资源建设和城镇化发展的综合影响。

根据本章开头构建的指标体系与设置的一、二、三级指标权重与三级指标评分标准以下部分对“雨露计划”相关影响的总体成效进行量化评分。由于用于评分测算的具体数值在上文的分析中已有论述，这里不再赘述，根据这些具体数值，“雨露计划”对人力资源及城镇化建设影响的量化评分结果如表5－12所示。

**表5－12　“雨露计划”对人力资源及城镇化影响量化表**

| 一级指标 | 分值 | 二级指标（权重/%） | 分值 | 三级指标（权重/%） | 分值 |
|---|---|---|---|---|---|
| 人力资源建设 | 86.1893 | 素质文化提升（55%） | 87.1872 | 受训者接受培训的时限（33%） | 100 |
| | | | | 拥有专业技术等级证书的比例（培训期间以及毕业1—2年内）（33%） | 63.1816 |
| | | | | 培训及格率（33%） | 100 |
| | | 就业结构（45%） | 85.1896 | 受训人员进入企业就业的比例（33%） | 100 |
| | | | | 受训人员自主创业的比例（33%） | 57.1889 |
| | | | | 受训人员登记失业的比例（33%） | 100 |

续表

| 一级指标 | 分值 | 二级指标（权重/%） | 分值 | 三级指标（权重/%） | 分值 |
|---|---|---|---|---|---|
| 城镇化建设 | 78.1869 | 城镇生活与就业（100%） | 78.1869 | 受训人群中在城镇就业和居住半年以上的比例（25%） | 100 |
| | | | | 受训人群中在城镇居住半年以上的比例（25%） | 100 |
| | | | | 受训人群中获得城市人口所占比例（25%） | 26.1832 |
| | | | | 城镇就业及生活满意度（25%） | 88.1842 |

总体来说，新县“雨露计划”对人力资源及城镇化建设产生了积极影响。从表5－12可以看出新县“雨露计划”对人力资源建设的积极影响较强，对城镇化建设的积极作用相对较弱。其中人力资源建设中对素质文化提升与就业结构这两个二级指标的分值相差不大。城镇化建设中获得城镇户口的比例低是影响“雨露计划”对城镇化的积极作用的主要因素，这也意味着中国户籍制度对“雨露计划”会产生一定的负面影响。

在进一步的分析中，可以看到，“雨露计划”对人力资源建设和城镇化发展的影响并不是孤立的，而是对二者起到了综合影响（图5－6）。

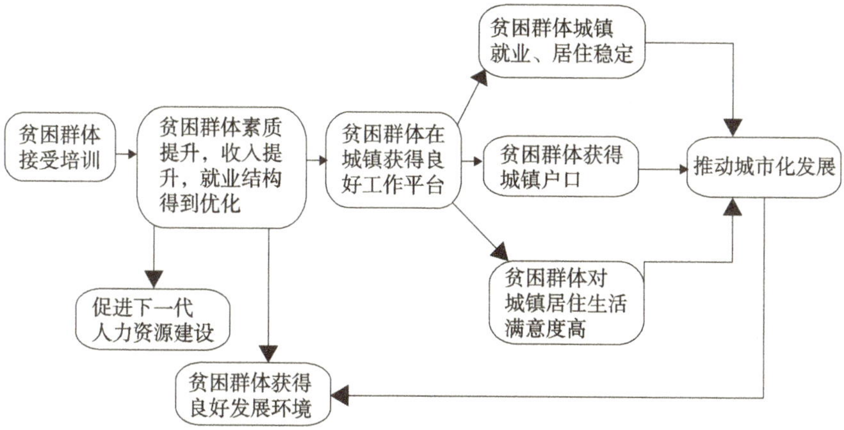


**图5－6　“雨露计划”对人力资源建设和城镇化发展的综合影响**

首先，“雨露计划”通过对贫困人口的人力资本投入，促使贫困群体接受相关培训，促进了贫困群体自身的人力资源建设，使贫困群体素质得到提升，从而可以获得较好的工作平台和环境，获得较高的收入，为自己创业和成为管理者打下了基础。并通过人力资源建设，推动了城镇化发展。

其次，受训的贫困群体在有上述基础后，能够在城镇获得良好的工作平台，从而会使该群体在城市居住、就业稳定，甚至有能力获得城镇户口，从而提升该群体在城镇居住和生活的满意度，进而推进城镇化的建设。

需要注意的是，本研究所指的“雨露计划”对城镇化的推动作用是体现在稳定受训贫困群体在城镇居住、工作方面的。由“雨露计划”受训群体在总人口中所占的比例、调研点数据的获得等多方面因素的影响，本研究还未从大样本数据分析“雨露计划”对全国城镇化发展的影响，这是今后分析研究中需要加强的。

最后，受训贫困群体由于在城市居住、工作稳定，从而获得了不同于乡村的一个较好的发展环境，这又会对受训群体素质文化提升产生影响。同样，“雨露计划”受训群体获得良好的发展，也会对下一代的发展产生积极影响，从而促进了下一代人力资本的建设。

# 第六章　挑战及对策

从上文对“雨露计划”实施的分析总结来看，“雨露计划”实施效果良好，并且在一些地区探索创新出了高效、特色的“雨露计划”培训模式。然而，实施“雨露计划”的过程并不是一帆风顺的，其中存在着许多问题。在新时期、新形势、新要求下，对于这些问题的解决仍然存在一定的难度。本章将在前文的基础上，分析总结“雨露计划”在实施过程中将面临的挑战，并对此提出相应的政策建议。

## 一、“雨露计划”面临的挑战

目前，我国的扶贫开发工作出现了从理论到实践的新转变：一是贫困内涵的新转变。扶贫工作新纲要赋予了贫困内涵新的变化，将扭转区域发展不平衡趋势、贫困群体发展能力的提高作为未来扶贫开发的重要目标，将生态环境的改善作为未来扶贫开发的总体要求之一，提出了增强对不同的贫困群体的关注度。二是减贫目标的新转变。与贫困的新内涵相适应，未来的减贫目标是一个多元化的目标体系，新纲要不仅要实现贫困群体的“两不愁、三保障”目标，同时还要实现贫困地区与全国的均衡发展，扭转发展差距扩大的趋势，并且改善贫困地区的生态环境。三是工作重点的新转变。在 20 年前我国扶贫开发工作的重点是贫困县，新纲要中对扶贫开发的工作重点有了新的定义：从区域上来看，既包含了 14 个片区、390 万平方公里、1. 1836 亿人口，同时也包含了原有的贫困县，除此之外还包含贫困村；从群体上来看，将低于 2300 元贫困标准以下的人都列为扶贫对象，并强调有针对性的关注不同贫困地区的贫困人群以及贫困人群中的不同脆弱群体。四是扶贫格局的新转变。2007 年以后，专项扶贫、行业扶贫和社会扶贫三位一体的工作格局取代了过去专项扶贫为绝对主导，社会扶贫间或参与的工作格局。

面对如上国家扶贫开发的新特征、新要求。“雨露计划”作为我国提升贫困人口能力素质，增强贫困人口可持续发展能力的重要举措，需要不断改进前述中提到的问题，提高实施成效，而这一过程将在未来面临一系列的挑战：

### （一）“雨露计划”扶助资金支持有限

“雨露计划”财政扶助资金供不应求是现阶段以及未来长时间内实施中面临的最直接、最现实的挑战。

“雨露计划”的财政扶助资金缺口主要表现在以下几个方面：首先，新时期贫困内涵的扩展与扶贫开发目标的定位对“雨露计划”的实施提出了更高的要求，增加了对资金的需求。新纲要在未来的扶贫开发工作中强调贫困群体发展能力的提高，“雨露计划”作为扶贫开发工作中提升贫困群体人力资本的主要措施，在新时期内其培训目标也相应地从过去的提高打工技能、增加就业机会转向进一步提高贫困家庭新生劳动力的整体素质，增强其稳定就业和持续增收能力。“雨露计划”的这一转变同时也意味着“雨露计划”实施力度加大、内涵更广，这就必然带来了更多的经费需求。与此同时，扶贫标准提高至2300元使得贫困人口扩大至1.1828亿人，这同时也扩大了“雨露计划”培训的对象范围，增大了培训的任务量，必然也就增加了对经费的需求。其次，不论是从以往对“雨露计划”的研究总结来看，还是从本次新县调研的实践经验来看，“雨露计划”培训项目在实施过程中存在着各种各样的资金缺口。这些资金缺口在较大程度上影响了“雨露计划”的实施成效。一是对培训学员的补助标准不高。从调研的情况来看，有相当程度的培训学员反映“雨露计划”试点后每学年1500元/人的补助标准偏低。与过去的减免学费相比，由于生活成本增加以及培训期限较长等原因，相当部分的培训学员得到的“雨露计划”扶助资金不能覆盖学员在培训期间的学费。二是培训机构“雨露计划”专项经费不足。在“雨露计划”实施过程中，许多培训机构反映“雨露计划”专项经费不能满足师资、设备等多方面硬件条件配备与更新的要求。许多培训机构自成立以来就没有更新过培训设备，这就直接影响到了“雨露计划”的实施成效。三是地方扶贫办缺乏组织管理的经费。“雨露计划”专项资金直接作为政府财政拨款拨给培训机构，扶贫办不立账，只起到监管作用。但是，针对“雨露计划”申请人员身份核实等相关工作需要扶贫办花费人力、物力、财力，尤其是在偏远地区，贫困人群居住分散，工作成本更高。这部分花费没有具体的经费来源，许多地方扶贫办需要自己贴钱进行组织，这就打击了工作人员的积极性。

面对上述资金缺口，“雨露计划”的资金支持规模有限、来源单一。首先，

“雨露计划”的总体财政扶助资金有限，难以完全满足这些需求缺口。“十一五”期间，为实施“雨露计划”，中央和地方共投入培训资金46亿元，其中用于劳动力转移培训34亿元；用于农业实用技术培训6.188亿元。在此期间，中央财政扶贫资金总计达868.1837亿元，计算可得“雨露计划”专项资金占扶贫资金总额的5.183%。可以看出这一比例不高，这意味着顺应新时期的要求，我国对“雨露计划”的重视程度还需提升，资金投入还需加大。其次，“雨露计划”所需资金完全依靠财政支持，几乎没有社会资金的来源。“雨露计划”补助资金实行中央政府和各级地方政府共同分担的投入机制，缺乏社会慈善与企业扶助来源，这不仅是对“雨露计划”项目实施自身的限制，同时增加了国家财政的压力。

### （二）“雨露计划”地区差异性与全国整体性之间的矛盾协调存在一定难度

未来，如何在保障“雨露计划”全国整体性和区域之间协调配合的基础上，充分发挥不同地区的特点，创新更具效率的培训模式，充分发挥“雨露计划”培训一人、脱贫一户、带动一方的效果，实现提升贫困人群自我发展能力的扶贫目标，是实施“雨露计划”不可避免的挑战。

“雨露计划”在实施过程中存在着一些地区差异性与全国整体性之间的矛盾：首先，补助标准方面存在矛盾。“雨露计划”在全国范围内有统一的补助标准，其中农村劳动力转移培训为3个月培训期每人600元，6个月培训期每人1000元，1年培训期每人1500元；试点为每人每学年1500元，上学期发放700元，下学期发放800元。然而，落实到不同的地区时，这一标准的适用性有所减弱。主要原因在于不同的生活成本、不同的培训特点等。其次，政策普惠性与特惠性方面存在矛盾。“雨露计划”培训优惠政策属于全国范围的普惠性政策。这一政策落实到地方后起到的作用参差不齐。有些地区存在与一般贫困地区不同的特点，如少数民族聚居地区、生态环境脆弱地区、边境地区、革命老区等等。针对这些具有自身特点的地区，对“雨露计划”政策实施存在着一些特殊要求，如更加灵活的培训方式、贴近实际的培训内容等等。最后，培训供需方面的矛盾。目前，对“雨露计划”的实施侧重于全国整体范围的统一管理，忽视了对地区之间进行差异化调整。这就导致一方面，一些贫困地区有着大量培训需求，但却因缺乏培训机构、培训师资，使得这些培训需求得不到满足；另一方面，发达地区相当多的培训机构具有较强的培训师资、培训设备和完备的专业设置，并具有推荐就业的地域优势，但却不能招收贫困地区的“雨露计划”学员。

面对上述矛盾，“雨露计划”在实施过程中各省区的培训工作各自为政，甚至在各个省区内部还存在条块分割的问题，存在着一定的协调难度。首先，地区之间缺乏信息共享机制。面对不同地区存在不同的特点，处于不同的发展阶段，培训机构与生源之间不平衡、不匹配等问题，地区之间没有在这方面进行有效的信息共享，同时也不存在一个信息的整合。这样对资源的有效利用存在不利影响。其次，地区之间缺乏协调组织体系。各区域之间信息的搜集、分析与整合，培训对象与培训机构之间的适配协调，政策效果的考察与比较评价等都需要有一个站在全国高度的、统一的组织机构进行运作。这样能够大大提高“雨露计划”在全国整体范围实施与区域之间协调的工作效率。

### （三）“雨露计划”与其他人力资源开发计划之间的矛盾协调存在一定难度

在提倡贫困群体自我发展能力建设的扶贫新阶段，国家提出了各种针对贫困人口的人力资源培训措施，如“阳光工程”、“雨露计划”等。各项措施、计划之间的协调是未来保障“雨露计划”实施效果所必须面临的挑战。

“雨露计划”在实施过程中存在着一些与其他人力资源开发计划之间的矛盾：首先，培训对象存在重叠与空白。“雨露计划”的培训对象主要是扶贫工作建档立卡的青壮年农民（16－45岁）、贫困户中的复员退伍士兵（含技术军士）和扶贫开发工作重点村的村干部和能帮助带动贫困户脱贫的致富骨干。其他一些人力资源开发计划，如“阳光工程”主要对象为具有农村户口，年龄在16周岁以上，且在农业生产第一线从事劳动的劳动力或普通初、高中毕业回乡青年。可以看出二者的培训对象重叠较大，但又不能覆盖贫困人群全体，尤其是老人、儿童等贫困人口中的特殊脆弱群体。其次，培训目标与内容存在重叠与空白。目前针对贫困人口人力资源开发的计划基本上集中于劳动技能的培训，一方面是职业技能培训，另一方面是农业技术技能培训。“雨露计划”和“阳光工程”的主要任务目标和培训内容都在于此。对于新时期来说，在贫困内涵与扶贫目标的调整与中国高速城镇化带来的一些新的贫困问题这一大环境下，仅仅通过培训贫困人群的劳动技能提升其人力资本是难以满足需求的。

面对上述矛盾，“雨露计划”在实施过程中对其协调存在一定的困难。首先，各人力资源开发计划相互分割。不同的人力资源开发计划由不同部门分管，部门之间对这些开发计划基本上没有信息共享和协调配合的工作机制。这使得人力资源开发计划中的重叠浪费情况难以得到处理，导致了一些问题，如在培训指标有限的情况下，有的贫困对象同时享受“雨露计划”和其他人力资源开发计划补贴，但是还有一些培训要求更为迫切的贫困对象反而没有得到任何人力资源开发计划的帮助。其次，培训的内容调整的速度落后于实际需求。一是“雨露计划”主要依靠现有的教育部门和劳动部门的职业技术院校，这些学校的市场灵敏性较弱；作为补充的民营职业学校虽然与用工市场对接的好一些，但这些院校实力较弱。二是与新阶段扶贫目标相比较，目前“雨露计划”培训内容还不能涵盖提升贫困人口自我发展能力的要求，对适应城镇生活的能力关注较少。

### （四）片区总体规划中能力建设与基础设施建设之间的矛盾协调存在一定难度

新时期扶贫目标的改变和我国在改革开放以来取得扶贫减贫成就令新时期扶贫工作能力建设与基础设施建设之间的关系有所变化。

现阶段，片区总体规划中能力建设与基础设施建设之间存在着矛盾，即基础设施建设在片区总体规划中所占比重远超于能力建设。这主要有以下两点原因：首先，中国长期以来扶贫开发工作重心一直侧重于基础设施建设。从扶贫开发工作开始以来。中国一直将基础设施建设作为工作基点与重点。这一策略在过去几十年里取得了良好的效果，为扶贫开发工作的推进打下了坚实的基础。其次，基础设施建设较之能力建设见效更快。基础设施建设的效果能在短期内看到成效，其实施效果能够通过实物，数据被大众所认知。相比之下，贫困人口自我发展能力的提升是一个长期性的、潜移默化的过程。这一过程不仅需要较长时间才能被决策者观察到，甚至对于接受人力资源培训的贫困对象本身也不能立即见效。

面对上述情况，“雨露计划”在实施过程中对其协调存在的困难主要有两个方面。首先，旧的扶贫观念尚未转变。一是决策者尤其是地方政府官员的观念尚未转变。许多地方政府官员仍然认为将扶贫开发工作的全部重心放在基础设施建设上去。忽视了新时期对贫困群体自我发展能力建设的新要求。二是贫困人群的观念尚未转变。基础设施建设能为贫困对象带来直接的生活质量的提高，如农村人口享受改水、改厕，农村公路的修建，农村卫生站与文化活动场所的建设等等。除此之外，贫困人群本身的局限性使其认识不到能力建设的长远作用，进而弱化了能力建设能够带来的效用。其次，基础设施建设更能彰显地方官员政绩。基础设施建设是一个地方经济发展的重要载体，同时由于基础设施建设能够通过经费、数据和实物体现出来，因此基础设施建设是考核地方官员的一个重要指标。地方官员对政绩的迫切渴望难以避免的影响了决策层对基础设施建设与能力建设二者的判断与权衡。

### （五）“雨露计划”培训本身存在限制

新时期“雨露计划”培训对象与培训目标的调整带来了对培训的新要求，同时在“雨露计划”实践过程中也突显出培训本身存在的一些限制。未来如何突破现有的培训内容与培训方式的限制，创造出更高效的培训模式值得思考。

通过经验总结，结合在河南省信阳市新县的调研结果来看，总体上贫困人口对“雨露计划”的需求大大超过现在的供给，同时他们在参加“雨露计划”培训过程中也面临着许多的限制，主要体现在以下三个方面：首先，培训对象范围存在限制。现阶段“雨露计划”培训有明确的对象范围限制，年龄限定在16－55周岁以内。而在农村地区存在着大量的留守老人，虽然年龄已经超过了“雨露计划”培训的限制，但是他们身体健康，并且存在强烈的参与培训的要求。这部分人群虽然不适合进行时间以月计的培训，但是下到田间地头的农业技术培训对他们的帮助不言而喻。其次，培训时间与培训方式的固定化。对于一些特殊的贫困人群如贫困妇女来说，家务的繁忙和照顾老人与小孩的压力使得她们不能按时、按量的参加培训；同时一些居住在偏远山区的贫困人群难以组织聚集在一起参与培训。这就需要有更为灵活的安排培训时间与培训的方式。最后，培训主体存在多元化的需求。目前“雨露计划”培训的主要形式是通过委托专业的培训机构进行相关培训。然而针对农业、种植等技术培训这一最受贫困农户欢迎的培训方式来说，专由培训机构承担不仅增加了机构的成本压力，同时也限制了培训的内容。是否在未来将培训主体扩大到农机站、林技站等机构是一个值得思考的问题。

面对上述限制，“雨露计划”实施过程中存在组织与经费上的难度。首先，经费存在限制。想要扩大培训对象就意味着增加了“雨露计划”培训的任务量，需要在很大程度上提高“雨露计划”经费预算，除此之外，“下到田间地头”的培训方式，“包学会”的培训承诺都需要经费支持。然而，目前“雨露计划”在实施过程中一直面临许多资金缺口，更难以满足这些新需求。其次，组织工作难以展开。扩大培训对象不仅增加了对经费的需求，由于需要对培训对象进行瞄准确定，这又增加了对人力的需求。目前，地方扶贫办普遍存在人手不足的问题，难以负担这项工作。同时不同的人力资源开发计划各有负责的部门，部门之间没有协调机制，也为组织工作增添了难度。

## 二、“雨露计划”的对策建议

根据上一部分所提出的“雨露计划”在未来面临的挑战，为了进一步完善“雨露计划”的实施效果，巩固贫困人口的能力建设，推动人力资源开发扶贫的步伐，现提出如下几点建议：

### （一）适度扩大对“雨露计划”的投入，合理利用扶助资金

“雨露计划”财政扶助资金是其实施的重要保障，根据“雨露计划”的实施现状，适当增加财政资金投入力度、合理利用扶助资金，将对其实施效果起到明显的积极作用。一是，扩大财政扶助资金的投入，同时加强与企业、社会组织的联系，拓宽资金来源途径。财政资金是“雨露计划”资金来源最主要的途径，因此财政资金投入力度的加大是解决“雨露计划”资金供不应求最根本、最直接的方法。与此同时，社会资金方面大有潜力可挖，可以通过培训机构与企业建立合作等方式，一方面向企业输送完成培训的劳动力，另一方面获得企业资助的资金与设备，达到双赢的效果。二是合理利用扶助资金。首先，最优先在于提升培训学员的扶助标准，缓解其因为培训造成的生活压力和机会成本，增强“雨露计划”对贫困群体的吸引力；其次，对于培训机构来说，能够为培训设备的及时更新和师资力量的补充提供保障，为培训学员营造一个软、硬件条件良好的学习环境，提升“雨露计划”培训成效；最后，对于扶贫办等相关政府部门来说，财政资金投入的扩大有望为管理部门设立专项的管理资金，能够提高工作人员的工作积极性，有利于提升“雨露计划”的宣传效果与瞄准效果，减少项目管理过程中的浪费。同时，除了对现存缺口的补充投入外，未来对“雨露计划”的不断创新探索也需要资金作为物质基础予以支持。

综上所述，扩大财政投入对“雨露计划”实施的积极效果不言而喻，但是要明确的是不能仅凭需要没有限制扩大，而是要在充分考虑国家实际的情况下积极扩宽资金来源，高效的利用扶助资金。

### （二）构建全国统一的“雨露计划”培训协调组织体系

构建全国统一的“雨露计划”培训协调组织体系将是“雨露计划”在未来实施过程中的迫切需要。首先，构建全国统一的“雨露计划”培训协调组织体系能够有效配置培训资源。目前，“雨露计划”培训面临着一个问题，即有的地

区存在大量的贫困家庭劳动力，对“雨露计划”培训需求迫切，但培训机构在师资、设备上行难以承担；而另一些地区拥有实力雄厚的培训机构，却缺乏具有培训需求的贫困人群。对于贫困人群来说，培训信息的获取和高昂的交通成本都是限制培训效果的重要方面。对此，构建全国统一的“雨露计划”培训协调组织体系能站在国家层面对各地区的供需情况进行把握，并由政府出资、出力，通过异地培训等方式组织协调。其次，构建全国统一的“雨露计划”培训协调组织体系有利于推广创新、高效的培训模式。除了协调培训对象与培训机构的供需平衡之外，构建全国统一的“雨露计划”培训协调组织体系还具有对全国各地区培训信息搜集整合这一任务。在此基础上，组织不同地区“雨露计划”培训的决策者与管理人员相互交流、去培训实施效果明显的地区学习，能将创新、高效的培训模式推广至全国，起到一定的借鉴、带动作用。

### （三）设立县级人力资源开发计划协调组织机构，整合人力资源培训资源

设立县级人力资源开发计划协调组织机构是“雨露计划”与其他人力资源开发计划之间协调配合的要求。现阶段，“雨露计划”与其他人力资源开发计划之间的实施较为分割，由不同的部门负责，相互之间沟通较少，存在相当程度的重叠和浪费情况。面对这一情况：首先，需要设立县级人力资源开发计划协调组织机构统一整合各个人力资源开发计划的信息。“雨露计划”与其他人力资源开发计划之间的重叠浪费在很大程度上是人力资源开发计划信息不对称的结果。如针对培训对象的重叠与空白来说，若能掌握贫困人口参与各项人力资源开发计划的实际情况，就能够在筛选过程中起到一定的指导作用，扩大培训覆盖范围，尽量保证人人都有培训机会。其次，需要设立县级人力资源开发计划协调组织机构协调各人力资源开发计划负责部门在培训方面的工作。不同的人力资源开发计划其对象确定、培训组织、经费管理等环节都由不同的部门负责。从目前情况来看，由于涉及经费需求，短期内将这些职责从这些部门剥离，由专门的机构管理操作性不强。因此可以从培训的协调入手，对各人力资源开发计划中互通有无的方面进行组织。

### （四）积极推行异地培训试点，将创业培训纳入“雨露计划”改革创新重点

异地培训与创业培训是拓展“雨露计划”培训内容，激活“雨露计划”培

训方式的重要补充，是适应新形势下“雨露计划”培训要求的培训模式。

首先，异地培训能够提高“雨露计划”培训的效率。一是既解决了培训机构缺乏生源的问题，又解决了培训对象找不到力量雄厚的培训机构问题。二是更好的贴近工作实际，提高了培训对象的就业竞争能力。针对这一培训模式，政府一方面要组织培训对象前往劳动力输出目的地和实力雄厚但缺乏生源的培训机构进行培训，并在此基础上建立长期的对口合作机制。另一方面还要组织其他地区的优秀的培训教师提高中西部贫困地区职业教育机构的教学水平。

其次，创业培训是帮助贫困人群实现“从农民到工人，从工人到创业者”这一转变的重要途径。新时期“雨露计划”的培训不再仅仅是对职业技能的培训，而是要发展为对自我发展能力的培训。在中国快速城镇化的大环境下，“雨露计划”应对贫困群体起到提升人力资本与城镇化适应能力的作用，这是传统的“雨露计划”培训内容、培训方式难以完成的。创业培训，作为一种具有长远视角的、高层次的培训类型能够作为传统“雨露计划”培训方式的补充，通过对培训对象进行创业意识、管理能力等方面的培训，并结合相配套的创业资金担保优惠政策，帮助贫困人群在思想上和实践上实现“从农民到工人，从工人到创业者”的转变。这一转变体现出创业培训能够从管理者的高度增加培训对象的人力资本，同时有利于培训对象适应城镇生活，在一定程度上避免城镇化产生新的贫困问题。

### （五）加强与扩大建设“雨露计划”实验示范基地力度和范围

根据地区特点，有的地区在实施“雨露计划”的过程中探索出一些高效的培训模式。如河南省信阳市新县的涉外培训模式、湖北省十堰市的助学贷款培训模式。这些不同地区的培训模式在很大程度上可以互相借鉴，共同探索。目前国家已经开始对“雨露计划”实验示范基地进行建设，截至2009年，已成立了31个“雨露计划”培训示范基地。然而，从调研的情况来看，还有许多地方好的经验、做法并没有得到相应的宣传与推广。这就要求国家加强对“雨露计划”培训示范基地的建设。首先，在现有基础上适当调整“雨露计划”培训示范基地的区域布局，扩大影响范围。目前，“雨露计划”培训示范基地主要集中在中、东部地区，西部地区分布相对较少。然而，西部地区较之中、东部地区更为落后，其贫困人口对“雨露计划”培训有着迫切需求。针对上述情形，应当扩大示范基地的范围，加大对西部地区示范基地投入的力度。其次，加强对“雨露计划”培训示范基地的评估考察，建立动态的“准入－退出”竞争机制。这一竞争机制的建立，有利于督促现已存在的“雨露计划”示范基地不断进取，同时还有利于促进“雨露计划”基地的不断开拓创新。再次，增加对“雨露计划”培训示范基地的投入与政策倾斜。“雨露计划”示范基地的投入与政策倾斜是保持示范基地活力的重要激励手段。不仅能够为示范基地的建设提供保障，更能够推动其他一般性基地向示范基地努力。最后，定期组织人员交流与学习，做好宣传工作。一方面要组织管理人员集中学习交流，并前往优秀的示范基地进行实地考察，另一方面还可以组织有经验的管理人员、培训教师到其他地区进行巡回宣讲活动等。

### （六）适应新时期新形势，丰富“雨露计划”培训内容，形成“综合素质+技能+创业+职业”新培训体系

我们认为，“雨露计划”实施效果明显的重要原因就是培训内容适应了市场需求和贫困家庭就业需求，但是，随着新时期中国区域发展变化、产业转移、人力资本价格提升，原有的以技术技能培训为重点“雨露计划”培训，必须进行适应市场竞争提升后的综合能力的培训。其一就是增加综合素质能力提升培训，包括适应“雨露计划”培训对象的自信力、思想观念方面培训与提升，对此，信阳新县进行了富有创新探索，学员精神状态好、思想观念和自信力大大恢复和提升。其二，增加创业能力培训。“雨露计划”培训经过几年探索，必然要从最初的较低层次的技能培训、职业培训转移到创业培训，这既是贫困地区劳动力的需求，简单就业还远远不能满足贫困地区新一代劳动力追求稳定、高收入就业的需求，同时也是“雨露计划”自身提高的需求，而创业才是贫困地区劳动力资源潜力和摆脱贫困的根本之路。因此，建议国家在实施新一轮“雨露计划”时，专门设计创业培训计划的资助方案，形成“综合素质+技能+创业+职业”培训新体系。

### （七）加深与扩大对“雨露计划”政策的理解与宣传

在未来“雨露计划”实施过程中，我们应该从三个层面加深与扩大对“雨露计划”政策的理解与宣传。首先，针对贫困群体。一是扩大宣传面，充分利用各种宣传手段，扩大宣传的范围，让符合“雨露计划”培训的贫困对象都知道“雨露计划”这一政策。二是加深宣传力度，即对“雨露计划”的宣传不仅限于知道其一层面，要有重点的向贫困群体普及“雨露计划”的具体情况，如对象要求、申请流程、补助标准与方式等。其次，针对决策者与管理人员，要扭转其

长期重视基础设施，忽视能力建设的传统观念。一是定期进行扶贫政策的交流学习。这样能紧跟新阶段扶贫政策新方向，切实了解新时期对能力建设的定位和重视程度。二是定期进行“雨露计划”政策实施情况研讨。这一建议起到督促决策者与管理人员密切关注“雨露计划”政策的实施，能潜移默化地提升能力建设在决策者心中的地位。最后，针对企业与社会组织，要将“雨露计划”劳动力培训与其自身情况联系起来。“雨露计划”的主要培训内容是劳动力技能转移培训，完成培训的劳动力大多进入企业工作，培训对其劳动技能的提升将带来企业竞争能力的提升。因此，在宣传“雨露计划”的时候，要将企业与一些其他的社会组织纳入宣传的对象，让其意识到“雨露计划”不仅仅是关系培训对象的培训计划，同时与其自身也密切相关，这样有利于调动更多的社会资源，“雨露计划”的实施支持。

### （八）重视和增加管理人员能力建设投资

高水平、高质量的管理人员是“雨露计划”实施的有效保证，其中分为两个层次。首先，要提升扶贫办等政府主管部门管理人员的能力。一是瞄准贫困对象的能力。由于我国贫困人口众多，贫困对象的分布虽然相对集中但分散性依然，农村家庭收入统计的困难以及近些年脱贫群体仍旧比较脆弱，返贫现象频繁等原因，贫困对象的收集确认具有很大困难。同时，不同地区存在不同的情况，而地方扶贫办等部门管理人员正是处于扶贫第一线直面这些问题，因此，应该鼓励他们因地制宜，交流学习，创新工作方法。二是宣传“雨露计划”的能力。目前，许多地方“雨露计划”的宣传工作不够到位，很多贫困人群对此不了解甚至不知道。地方扶贫办工作人员是宣传“雨露计划”的主体，我们应该从开拓宣传途径、创新宣传方式、生动宣传内容三个方面对其宣传能力进行全面提升。三是管理协调的能力。目前我们可以从与培训对象的沟通能力和与培训机构的协调能力入手提升扶贫办等政府部门管理协调的能力。在长期来看，不同部门人力资源开发计划之间的协调也需要得到提升。

其次，要提升培训机构管理人员的能力。一是把握培训具体内容、方式的能力。培训机构可以定期组织管理人员对市场需求进行考察，及时对培训内容和培训方式进行调整，保证培训对象完成培训后能够真正适应市场的发展趋势。二是管理协调培训具体事务的能力。管理日常事务的能力是培训机构管理人员必须具备的素质，培训机构可以通过与其他培训学校的交流学习进行提升。三是与企业、社会组织沟通合作的能力。培训机构是“雨露计划”劳动力转移培训的输送方，企业及其他社会组织是主要的接受对象。二者之间的关系提供了相互合作的空间，通过主动与企业、社会组织之间合作能够为培训机构带来经费和设备等方面的支持。培训机构与企业、社会组织沟通合作的能力是目前较为缺乏的重要素质，需要通过加强与企业、社会组织之间的交流互动予以提升。

综上所述，面对扶贫开发工作的新时期、新形势与新发展，“雨露计划”在未来的实施过程中存在着许多值得改进的地方，只有在现有基础上不断发现问题、解决问题、探索创新，才能充分发挥“雨露计划”提升贫困群体自我发展能力的作用。

# 附录一　调研问卷

# 1、“雨露计划”实施综合评价项目培训机构访谈调查问卷

## 一、基本情况部分

1. 请问贵培训机构属于什么类型？若选“其他”请注明。(　　　)

   A）国家级培训基地

   B）省级培训基地

   C）市、县级培训基地

   D）其他

2. 请问贵培训机构的创办时间为______年。

3. 请问 2011 年贵培训机构的师资力量大约有______人，其中有职业资格证书的专职师资力量______人。

4. 请问贵培训机构截止到目前共培训学员数量大约有______人，毕业学员就业率______。在 2011 年中，培训学员数量大约有______人，有______人辍学。

5. 请问 2011 年，“雨露计划”对贵培训机构的总资助额度是______万元，共资助了______名学员，平均受资助学员的资助额度为______元。

6. 请问 2011 年，贵培训机构的总收入为______元。

6. 请问 2011 年，贵培训机构的学员平均年度花费大约是______元。

7. 请问贵培训机构主要侧重哪方面项目工作？可多选，若选“其他”请注明。(　　　)

   A）中等职业教育

   B）实用技术培训

   C）劳动力转移

D）其他

8. 请问贵培训机构目前的主要培训方式主要是什么？若选“其他”请注明。（ ）

A）机构独立培训

B）学校联合培训

C）企业联合培训

D）其他

## 二、访谈部分

1. 请简单介绍一下贵培训机构的成立、发展过程以及取得的成就。

2. 请简单介绍一下贵培训机构是如何执行“雨露计划”项目的。

3. 请问贵培训机构所需的资金、场所、教师、教材、教具等各方面资源是通过什么渠道获取的？“雨露计划”对贵培训机构的资助是否按时、按量到位？

4. 请问贵培训机构主要受培训学员的身份背景如何？具体是以什么样的标准和工作方式挑选学员的？学员对培训和“雨露计划”持什么样的看法和态度。

5. 请问贵培训机构的受培训学员是以什么方式接受培训的？以及培训期限、课程设置、课时安排如何？

6. 请问贵培训机构的课程内容是根据哪方面需要制定的？是否有具体的市场、企业或其他方面的现实需求？书本知识和工作实践之间是如何协调的？

7. 请问根据课程内容，经过贵培训机构培训后，学员一般会在哪些具体能力方面得到明显的提高？实际市场、企业对本培训单位培训出的学员反映如何？

8. 请问贵培训机构受训学员培训结束后的具体就业是如何进行的，贵培训机构会为求职的学员提供哪些服务？对于毕业学员的后续就业行为贵培训机构是否追踪，如何追踪？

9. 请问通过开展“雨露计划”和培训，对本地区的人力资源建设和城镇化进程方面有哪些贡献？

10. 请问通过开展“雨露计划”，贵培训机构学习到了哪些有益的经验或者工作模式？

11. 请问在“雨露计划”实施过程中，贵培训机构对“雨露计划”遇到了哪些问题和困难？

12. 请问对于“雨露计划”，贵培训机构总体评价如何？（非常满意、满意、一般、不满意、非常不满意、不好说），有哪些工作建议？

## 2、未参加“雨露计划”同龄人调查问卷

1．基本情况

| 项目 | 性别 | 年龄 | 民族 | 生源地 | 两年前是否在城镇居住 | 两年前户口 |
|---|---|---|---|---|---|---|
| 内容 | | | | | | |
| 代码 | 行1 | 行2 | 行3 | 行4 | 行5 | 行6 |
| 项目 | 两年前最高学历 | 近两年是否参加过其他学习或培训 | 现在最高学历 | 请问您家庭人员数量 | 两年前您家是否是建档立卡贫困户 | 两年前您全家一年的总收入 |
| 内容 | | | | | | |
| 代码 | 行7 | 行8 | 行9 | 行10 | 行11 | 行12 |
| 项目 | 现居住地 | 现在是否在家乡创业 | 现在户口 | 现在是否已经在城镇工作或居住半年以上 | 现在您家是否是建档立卡贫困户 | 现在您全家一年的总收入 |
| 内容 | | | | | | |
| 代码 | 行13 | 行14 | 行15 | 行16 | 行17 | 行18 |

上表填写说明：（1）**性别**：[0] 女　[1] 男；（2）**年龄**：当前年龄，阿拉伯数字；（3）**民族**：[0] 汉族 [1] 其他民族；（4）**生源地**：[0] 本县　[1] 本州/市　[2] 本省　[3] 外省；（5）**培训前是否在城镇居住**：[0] 否　[1] 是；（6）**两年前户口**：[0] 农户　[1] 非农户；（7）**两年前最高学历**：[0] 未接受过正规教育 [1] 小学　[2] 初中　[3] 职高　[4] 中专　[5] 技校　[6] 高中 [7] 大学 [8] 其他；（8）**近两年是否参加过其他学习或培训**：[0] 否　[1] 是；（9）**现在最高学历**：[0] 未接受过正规教育 [1] 小学　[2] 初中　[3] 职高　[4] 中专　[5] 技校　[6] 高中 [7] 大学 [8] 其他；（10）**请问您家庭人员数量**：填写家庭人员数量，单位为人，阿拉伯数字；（11）**两年前您家是否是建档立卡贫困户**：[0] 否　[1] 是；（12）**两年前您全家一年的总收入**：填写大约一年的总收入，单位为元（人民币），阿拉伯数字；（13）**现居住地**：[0] 本县　[1] 本州/市　[2] 本省　[3] 外省；（14）**现在是否在家乡创业**：[0] 否　[1] 是；（15）**现在户口**：[0] 农户　[1] 非农户；（16）**现在是否已经在城镇工作或居住半年以上**：[0] 否　[1] 是；（17）**现在您家是否是建档立卡贫困户**：[0] 否　[1] 是；（18）**现在您全家一年的总收入**：填写大约一年的总收入，单位为元（人民币），阿拉伯数字。

注意：表格中的编码为录入到 Excel 统计表格中对应的位置。

2. 请问您是否听说过得到“雨露计划”支持的技能培训项目？

[0] 没听说过　[1] 听说过

3.（听说过“雨露计划”者回答）请问您为什么没有参加这个技能培训项目？

[0] 费用太高但资助太少　[1] 费用以外的门槛限制　[2] 对培训缺乏兴趣

[3] 有其他的就业、学习渠道　[4] 其他________（请注明）

4. 请问您在两年前，当时预期自己现在的收入应当有（填写年收入）

____________（元）（如果之前没有过预期，填写0）

5. 请问您现在的实际收入大约为（填写年收入）

____________（元）

6. 请问您离开学校后到找到第一份职业之间的时间间隔大约有多长时间（以月为单位）

____________（月）

7. 请问您目前的职业类型是

[0] 暂时未就业　[1] 自主创业（非农业）　[2] 自主创业（农业）

[3] 打工　[4] 企业非正式员工　[5] 企业正式员工

[6] 机关单位员工　[7] 其他（请注明）____________

8. 请问您在最近两年内共从事过几份职业？

[0] 0份　[1] 1份　[2] 2份　[3] 3份　[4] 4份及以上

9. 请问您在最近两年内是否有过同时多份兼职的情况？

[0] 否　[1] 是

10. 请问您在最近两年内是否获得过专业技术等级证书？

[0] 否　[1] 是

11.（目前处于就业状态者回答）您感觉自己当前的职业能够维持多长时间？

[0] 3个月以内　[1] 3个月~6个月　[2] 6个月~1年　[3] 1年以上

12. 请问与身边参加过“雨露计划”支持培训的同龄人相比，您是否因为未参加培训从而在求职上存在劣势？

[0] 否　[1] 是　[2] 身边没有参加过培训的同龄人

13. 请问与身边参加过“雨露计划”支持培训的同龄人相比，您是否因为未参加培训从而在收入上更低？

[0] 否 [1] 是 [2] 身边没有参加过培训的同龄人

14.（在城镇工作和居住者回答）请问您现在对在城镇工作和居住的意愿及信心如何？

[0] 还不能下定论 [1] 充满信心 [2] 缺乏信心

15. 请问您的家庭是否支持您离家外出工作？

[0] 否 [1] 是

16. 请问如果有机会，您是否愿意参加得到“雨露计划”支持的技能培训项目？

[0] 否 [1] 是

问卷编号：No. ____________

## 3、“雨露计划实施综合评价及新对策研究”调查问卷

### 1. 基本情况

| 项目 | 性别 | 年龄 | 民族 | 生源地 | 培训前是否在城镇居住 | 培训前户口 |
|---|---|---|---|---|---|---|
| 内容 | | | | | | |
| 项目 | 培训前最高学历 | 参加培训时间 | 接受培训的期限 | 请问您家庭人员数量 | 培训前您家是否是建档立卡贫困户 | 培训前您全家一年的总收入 |
| 内容 | | | | | | |
| 项目 | 现居住地 | 培训后是否返乡创业 | 现在户口 | 现在是否已经在城镇工作或居住半年以上 | 现在您家是否是建档立卡贫困户 | 现在您全家一年的总收入 |
| 内容 | | | | | | |

上表填写说明：(1) **性别**：[0] 女 [1] 男；(2) **年龄**：当前年龄，阿拉伯数字；(3) **民族**：[0] 汉族 [1] 其他民族；(4) **生源地**：[0] 本县 [1] 本州/市 [2] 本省 [3] 外省；(5) **培训前是否在城镇居住**：[0] 否 [1] 是；(6) **培训前户口**：[0] 农户 [1] 非农户；(7) **培训前最高学历**：[0] 未接受过正规教育 [1] 小学 [2] 初中 [3] 职高 [4] 中专 [5] 技校 [6] 高中 [7] 大学 [8] 其他；(8) **参加培训时间**：填写年份，西元纪元，阿拉伯数字；(9) **接受培训的期限**：填写接受培训的总时长，单位为月，阿拉伯数字；(10) **请问您家庭人员数量**：填写家庭人员数量，单位为人，

阿拉伯数字；(11) **培训前您家是否是建档立卡贫困户**：[0] 否　[1] 是；(12) **培训前您全家一年的总收入**：填写大约一年的总收入，单位为元（人民币），阿拉伯数字；(13) **现居住地**：[0] 本县　[1] 本州/市　[2] 本省　[3] 外省；(14) **培训后是否返乡创业**：[0] 否　[1] 是；(15) **现在户口**：[0] 农户　[1] 非农户；(16) **现在是否已经在城镇工作或居住半年以上**：[0] 否　[1] 是；(17) **现在您家是否是建档立卡贫困户**：[0] 否　[1] 是；(18) **现在您全家一年的总收入**：填写大约一年的总收入，单位为元（人民币），阿拉伯数字。

注意：表格中的编码为录入到Excel统计表格中对应的位置。

2. 请问您在培训前或学习期间是否听说过“雨露计划”？

[0] 没听说过　[1] 听说过

3. 请问“雨露计划”是否是促使您下决心参加培训学习的一个原因？

[0] 不是　[1] 是

4. 请问您在培训期间是否参加过“雨露计划”？

[0] 没参加过　[1] 参加过

5. (“雨露计划”参加者回答）请问“雨露计划”是以什么形式资助您的？(可多选)

[0] 没有提供资助　[1] 费用减免　[2] 培训券　[3] 其他________（请注明）

6. (“雨露计划”参加者回答）请问“雨露计划”支持力度为（填写金额或折价金额）

__________（元）

7. (“雨露计划”参加者回答）请问您对“雨露计划”是否满意？

[0] 不好说　[1] 非常满意　[2] 满意　[3] 一般　[4] 不满意　[5] 非常不满意

8. 请问您在培训学习期间的基本花销

| 类别 | 学杂费 | 交通费 | 住宿费 | 食品等日常花费 | 医疗费 | 其他 |
|---|---|---|---|---|---|---|
| 金额（元） | | | | | | |
| 代码 | 行25 | 行26 | 行27 | 行28 | 行29 | 行30 |

9. 请问您培训学习期间所需资金的主要来源

| 类别 | 家庭提供 | 外部助学资金 | 本人自筹 | 借款 | 其他 |
|---|---|---|---|---|---|
| 金额（元） | | | | | |
| 代码 | 行31 | 行32 | 行33 | 行34 | 行35 |

10. 请问您是否完成了整个培训学习?

[0] 否　[1] 是

11.（没有完成培训者回答）请问您没有完成培训学习的原因是什么?

[0] 资助力度不够　[1] 其他________（请注明）

12.（没有完成培训且原因是资助力度不够者回答）请问资助力度要多大时您才能完成培训?

____________（元/年）

13. 请问您对该培训的评价如何?（请在符合选项下面打钩）

| 内容 | 非常满意 | 满意 | 一般 | 不满意 | 非常不满意 | 不好说 | 代码 |
|---|---|---|---|---|---|---|---|
| 培训的课程设置 | [1] | [2] | [3] | [4] | [5] | [0] | 行 39 |
| 培训的期限 | [1] | [2] | [3] | [4] | [5] | [0] | 行 40 |
| 培训的实习安排 | [1] | [2] | [3] | [4] | [5] | [0] | 行 41 |
| 培训后所提供就业渠道 | [1] | [2] | [3] | [4] | [5] | [0] | 行 42 |
| 综合个人能力的提高 | [1] | [2] | [3] | [4] | [5] | [0] | 行 43 |
| 某项职业技能的提高 | [1] | [2] | [3] | [4] | [5] | [0] | 行 44 |
| 自主创业意愿的增加 | [1] | [2] | [3] | [4] | [5] | [0] | 行 45 |
| 培训内容符合实际市场需求 | [1] | [2] | [3] | [4] | [5] | [0] | 行 46 |
| 综合评价 | [1] | [2] | [3] | [4] | [5] | [0] | 行 47 |

14. 请问您在参加培训学习前，当时预期自己参加培训后的收入应当有（填写年收入）

____________（元）（如果之前没有过预期，填写 0）

15. 请问您现在的实际收入大约为（填写年收入）

____________（元）

16. 请问您从培训学习结束到找到第一份职业之间的时间间隔大约有多长时间（以月为单位）

____________（月）

17. 请问您目前的职业类型是

[0] 暂时未就业　[1] 自主创业（非农业）　[2] 自主创业（农业）　[3] 打工　[4] 企业非正式员工　[5] 企业正式员工　[6] 机关单位员工

[7] 其他（请注明）__________

18. 请问您自培训完成后的两年内（不足两年的截至目前）共从事过几份职业？

[0] 0份　[1] 1份　[2] 2份　[3] 3份　[4] 4份及以上

19. 请问您自培训完成后的两年内（不足两年的截至目前）是否有过同时多份兼职的情况？

[0] 否　[1] 是

20. 请问您在培训和培训完成后的两年内（不足两年的截至目前）是否获得过专业技术等级证书？

[0] 否　[1] 是

21.（目前处于就业状态者回答）您感觉自己当前的职业能够维持多长时间？

[0] 3个月以内　[1] 3个月~6个月　[2] 6个月~1年　[3] 1年以上

22.（目前处于就业状态者回答）请问您当前所从事的职业与培训内容是否有关？

[0] 完全无关　[1] 部分相关　[2] 高度相关

23. 请问与身边未参加培训的同龄人相比，您是否因为参加培训从而在求职上更有优势？

[0] 否　[1] 是　[2] 身边没有未参加培训的同龄人

24. 请问与身边未参加培训的同龄人相比，您是否因为参加培训从而在收入上更高？

[0] 否　[1] 是　[2] 身边没有未参加培训的同龄人

25. 请问通过该培训，是否增加了您在城镇工作和居住的意愿及信心？

[0] 否　[1] 是

26. 请问您的家庭是否支持您离家外出工作？

[0] 否　[1] 是

27. 请问您认为影响培训实际效果的主要因素有哪些？（限选三项）

[0] 课程设置　[1] 教师素质　[2] 培训费用　[3] 劳动力市场实际需求　[4] 就业信息　[5] 创业资本　[6] 在城镇的生活压力　[7] 户口　[8] 家庭因素　[9] 思想观念　[10] 其他__________（请注明）

28. 请问您对培训和“雨露计划”有什么其他建议？

问卷编号：No. __________

# 4、“雨露计划实施综合评价及新对策研究”调查问卷

## 1. 基本情况

| 项目 | 性别 | 年龄 | 民族 | 9 生源地 | 培训前是否在城镇居住 | 培训前户口 |
|---|---|---|---|---|---|---|
| 内容 | | | | | | |
| 项目 | 培训前最高学历 | 参加培训时间 | 接受培训的期限 | 请问您家庭人员数量 | 培训前您家是否是建档立卡贫困户 | 培训前您全家一年的总收入 |
| 内容 | | | | | | |
| 项目 | 现居住地 | 培训后是否返乡创业 | 现在户口 | 现在是否已经在城镇工作或居住半年以上 | 现在您家是否是建档立卡贫困户 | 现在您全家一年的总收入 |
| 内容 | | | | | | |

上表填写说明：(1) **性别**：[0] 女 [1] 男；(2) **年龄**：当前年龄，阿拉伯数字；(3) **民族**：[0] 汉族 [1] 其他民族；(4) **生源地**：[0] 本县 [1] 本州/市 [2] 本省 [3] 外省；(5) **培训前是否在城镇居住**：[0] 否 [1] 是；(6) **培训前户口**：[0] 农户 [1] 非农户；(7) **培训前最高学历**：[0] 未接受过正规教育 [1] 小学 [2] 初中 [3] 职高 [4] 中专 [5] 技校 [6] 高中 [7] 大学 [8] 其他；(8) **参加培训时间**：填写年份，西元纪元，阿拉伯数字；(9) **接受培训的期限**：填写接受培训的总时长，单位为月，阿拉伯数字；(10) **请问您家庭人员数量**：填写家庭人员数量，单位为人，阿拉伯数字；(11) **培训前您家是否是建档立卡贫困户**：[0] 否 [1] 是；(12) **培训前您全家一年的总收入**：填写大约一年的总收入，单位为元（人民币），阿拉伯数字；(13) **现居住地**：[0] 本县 [1] 本州/市 [2] 本省 [3] 外省；(14) **培训后是否返乡创业**：[0] 否 [1] 是；(15) **现在户口**：[0] 农户 [1] 非农户；(16) **现在是否已经在城镇工作或居住半年以上**：[0] 否 [1] 是；(17) **现在您家是否是建档立卡贫困户**：[0] 否 [1] 是；(18) **现在您全家一年的总收入**：填写大约一年的总收入，单位为元（人民币），阿拉伯数字。

注意：表格中的编码为录入到 Excel 统计表格中对应的位置。

2. 请问您在培训前或学习期间是否听说过“雨露计划”？

[0] 没听说过 [1] 听说过

3. 请问“雨露计划”是否是促使您下决心参加培训学习的一个原因？

[0] 不是 [1] 是

4. 请问您在培训期间是否参加过“雨露计划”？

［0］没参加过　［1］参加过

5.（“雨露计划”参加者回答）请问“雨露计划”是以什么形式资助您的？（可多选）

［0］没有提供资助　［1］费用减免　［2］培训券　［3］其他____（请注明）

6.（“雨露计划”参加者回答）请问“雨露计划”支持力度为（填写金额或折价金额）

____________（元）

7.（“雨露计划”参加者回答）请问您对“雨露计划”是否满意？

［0］不好说　［1］非常满意　［2］满意　［3］一般　［4］不满意　［5］非常不满意

8. 请问您在培训学习期间的基本花销

| 类别 | 学杂费 | 交通费 | 住宿费 | 食品等日常花费 | 医疗费 | 其他 |
|---|---|---|---|---|---|---|
| 金额（元） | | | | | | |
| 代码 | 行25 | 行26 | 行27 | 行28 | 行29 | 行30 |

9. 请问您培训学习期间所需资金的主要来源

| 类别 | 家庭提供 | 外部助学资金 | 本人自筹 | 借款 | 其他 |
|---|---|---|---|---|---|
| 金额（元） | | | | | |
| 代码 | 行31 | 行32 | 行33 | 行34 | 行35 |

10. 请问您是否完成了整个培训学习？

［0］否　［1］是

11.（没有完成培训者回答）请问您没有完成培训学习的原因是什么？

［0］资助力度不够　［1］其他____________（请注明）

12.（没有完成培训且原因是资助力度不够者回答）请问资助力度要多大时您才能完成培训？

____________（元/年）

13. 请问您对该培训的评价如何？（请在符合选项下面打钩）

| 内容 | 非常满意 | 满意 | 一般 | 不满意 | 非常不满意 | 不好说 | 代码 |
|---|---|---|---|---|---|---|---|
| 培训的课程设置 | [1] | [2] | [3] | [4] | [5] | [0] | 行 39 |
| 培训的期限 | [1] | [2] | [3] | [4] | [5] | [0] | 行 40 |
| 培训的实习安排 | [1] | [2] | [3] | [4] | [5] | [0] | 行 41 |
| 培训后所提供就业渠道 | [1] | [2] | [3] | [4] | [5] | [0] | 行 42 |
| 综合个人能力的提高 | [1] | [2] | [3] | [4] | [5] | [0] | 行 43 |
| 某项职业技能的提高 | [1] | [2] | [3] | [4] | [5] | [0] | 行 44 |
| 自主创业意愿的增加 | [1] | [2] | [3] | [4] | [5] | [0] | 行 45 |
| 培训内容符合实际市场需求 | [1] | [2] | [3] | [4] | [5] | [0] | 行 46 |
| 综合评价 | [1] | [2] | [3] | [4] | [5] | [0] | 行 47 |

14. 请问您在参加培训学习前，当时预期自己参加培训后的收入应当有（填写年收入）

__________（元）（如果之前没有过预期，填写 0）

15. 请问您现在的实际收入大约为（填写年收入）

__________（元）

16. 请问您从培训学习结束到找到第一份职业之间的时间间隔大约有多长时间（以月为单位）

__________（月）

17. 请问您目前的职业类型是

[0] 暂时未就业　[1] 自主创业（非农业）　[2] 自主创业（农业）　[3] 打工　[4] 企业非正式员工　[5] 企业正式员工　[6] 机关单位员工　[7] 其他（请注明）__________

18. 请问您自培训完成后的两年内（不足两年的截至目前）共从事过几份职业？

[0] 0 份　[1] 1 份　[2] 2 份　[3] 3 份　[4] 4 份及以上

19. 请问您自培训完成后的两年内（不足两年的截至目前）是否有过同时多份兼职的情况？

[0] 否　[1] 是

19. 请问您在参加培训期间，是否通过所有课程测验？

［0］否 ［1］是

20. （培训期间存在课程测验不及格者回答）请问没有通过课程测验的科目有几门？

__________（门）

20. 请问您在培训和培训完成后的两年内（不足两年的截至目前）是否获得过专业技术等级证书？

［0］否 ［1］是

21. （目前处于就业状态者回答）您感觉自己当前的职业能够维持多长时间？

［0］3 个月以内 ［1］3 个月 ~6 个月 ［2］6 个月 ~1 年 ［3］1 年以上

22. （目前处于就业状态者回答）请问您当前所从事的职业与培训内容是否有关？

［0］完全无关 ［1］部分相关 ［2］高度相关

23. 请问与身边未参加培训的同龄人相比，您是否因为参加培训从而在求职上更有优势？

［0］否 ［1］是 ［2］身边没有未参加培训的同龄人

24. 请问与身边未参加培训的同龄人相比，您是否因为参加培训从而在收入上更高？

［0］否 ［1］是 ［2］身边没有未参加培训的同龄人

25. 请问通过该培训，是否增加了您在城镇工作和居住的意愿及信心？

［0］否 ［1］是

26. 请问您的家庭是否支持您离家外出工作？

［0］否 ［1］是

27. 请问您认为影响培训实际效果的主要因素有哪些？（限选三项）

［0］课程设置 ［1］教师素质 ［2］培训费用 ［3］劳动力市场实际需求 ［4］就业信息 ［5］创业资本 ［6］在城镇的生活压力 ［7］户口 ［8］家庭因素 ［9］思想观念 ［10］其他__________（请注明）

28. 请问您对培训和“雨露计划”有什么其他建议？

# 附录二　2014 年—2015 年国家部委有关雨露计划文件政策选编

## 1、国务院扶贫办行政人事司
## 关于印发《雨露计划职业教育工作指南（试行）》的通知

国开办司发〔2015〕106 号

各省、自治区、直辖市扶贫办（局）：

为贯彻落实《国务院扶贫开发领导小组办公室、教育部、人力资源和社会保障部关于加强雨露计划支持农村贫困家庭新成长劳动力接受职业教育的意见》（国开办发〔2015〕19 号），明确任务要求，规范管理程序，细化服务措施，我办制定了《雨露计划职业教育工作指南（试行）》，现印发你们，请结合本地实际，加强组织领导，强化统筹协调，把雨露计划职业教育作为精准扶贫的重要措施抓实抓好，引导更多贫困家庭子女接受职业教育，努力实现应学尽学，应补尽补。

各省在组织实施中的重要情况和问题，请及时沟通反馈。

国务院扶贫办行政人事司

2015 年 9 月 7 日

## 雨露计划职业教育工作指南
## （试行）

为贯彻落实《国务院扶贫开发领导小组办公室、教育部、人力资源和社会保障部关于加强雨露计划支持农村贫困家庭新成长劳动力接受职业教育的意见》（国开办发〔2015〕19 号，以下简称 19 号文件），明确任务要求，规范管理程序，细化服务措施，推进雨露计划职业教育工作更好实现精准扶贫目标要求，制定本工作指南。

**一、实施时间**

2015 年秋季学期起，各地要根据 19 号文件要求，将雨露计划职业教育扶贫助学补助政策落实到位，覆盖全部农村建档立卡贫困家庭，努力实现应学尽学，应补尽补。

**二、扶持对象**

扶贫助学补助受益对象为全国农村建档立卡贫困家庭（以下简称贫困家庭）中有子女接受中、高等职业教育的贫困家庭。根据《国务院扶贫办关于印发〈扶贫开发建档立卡工作方案〉的通知》（国开办发〔2014〕24 号）要求，东部、中部和西部地区认定的贫困家庭，都应享受此项扶持政策。

**三、扶持条件**

扶持对象享受扶持政策，应符合以下条件：

（一）农村建档立卡贫困家庭。是指经精准识别进入最新一轮建档立卡数据库的贫困家庭。子女本人户口已迁出本村的贫困家庭（主要是指户口迁至学校所在地的高职在校生），同样享受扶持政策。

（二）子女接受中、高等职业教育。贫困家庭子女在校学习，并在教育部、人力资源社会保障部的中、高等职业教育学籍管理系统注册正式学籍。中等职业教育包括全日制普通中专、成人中专、职业高中、技工院校；高等职业教育包括全日制普通大专、高职院校、技师学院等。

**四、扶持期限**

贫困家庭子女接受职业教育在校学习期间（包括顶岗实习），其家庭均可享受扶贫助学补助。

符合条件的贫困家庭第一次得到扶贫助学补助后，其子女在校学习期间无论其家庭是否脱贫，都继续享受扶持政策。接受中等职业教育期间享受扶贫助学补助，毕业后直接升入高等职业院校继续学习的学生，其家庭继续享受该资助政策。

**五、补助标准**

扶贫助学补助标准为每生每年 3000 元左右。具体标准由各地根据本地贫困家庭新成长劳动力接受职业教育的实际消费水平自行确定。

**六、补助方式**

（一）生源地补助。凡符合条件的贫困家庭，无论其子女在何地就读，均在其家庭所在地申请扶贫助学补助。

（二）直补到户。雨露计划职业教育补助的对象是农村建档立卡贫困家庭，补助资金一律通过支农惠农“一卡（折）通”直接发放到贫困家庭。

（三）分期申请发放。每学年分秋季学期、春季学期两期申请、审核，补助资金分学期发放。

**七、申报审核**

（一）上网申报。2015 年秋季学期起，职业教育补助一律通过全国雨露计划信息管理服务系统进行申报。可通过手机安装“雨露百事通”APP 按提示填报，或登录国务院扶贫办雨露计划网站（网址：www. yulujihua. com）实名注册提交申请。贫困家庭没有条件通过网络申报的，县级扶贫部门、驻村干部和帮扶责任人在征得贫困家庭同意后，提供及时帮助和服务。

（二）系统审核。雨露计划信息管理服务系统与国务院扶贫办建档立卡系统和教育部、人力资源和社会保障部中、高等职业教育学籍管理系统自动比对，审核贫困家庭信息和学生在校信息。

（三）公示监督。审核通过的拟补助扶贫对象名单及相关信息在贫困家庭所在行政村进行公示，接受村民监督。公示现场拍摄照片，上传管理服务系统留存。对群众举报的不符合条件的补助对象，经查实后由县级扶贫部门核准后取消补助对象资格。

由于信息填报不完整、返贫人口尚未纳入信息系统等原因，未通过网上审核，而又确实符合补助条件的贫困家庭，经县级扶贫开发领导小组审核确认后给予补助。具体认定标准、工作流程和操作方法由各省根据当地实际统一制定，指导县级扶贫办实施。

**八、时间安排**

（一）春季学期。3 月 10 日至 5 月 10 日期间进行申报，6 月 10 日之前完成审核，6 月底前补助到位。

（二）秋季学期。9 月 20 日至 11 月 20 日期间进行申报，12 月 10 日之前完成审核，12 月底前补助到位。

**九、资金来源**

职业教育扶贫助学补助所需资金，由各地根据当地需求，从到省中央财政专项扶贫资金和省级财政扶贫资金中足额安排。国家不再另行安排雨露计划职业教育中央专项财政扶贫资金。

**十、宣传动员**

（一）媒体宣传。各地要利用广播、电视、报纸等媒体，采取多种形式宣传国家职业教育支持政策和雨露计划扶持政策，营造全社会关注、关心、参与、支持的良好氛围。国务院扶贫办统一制作电视公益广告宣传片，各级电视台播放宣传。编辑雨露计划职业教育政策信息，向贫困家庭初高中毕业生及其家长发送手机短信。

（二）宣讲动员。充分发挥贫困村第一书记、驻村工作队和贫困户帮扶责任人的作用，进村入户宣传雨露计划职业教育扶持政策，动员贫困家庭家长支持子女接受职业教育；联合教育部门，深入校园开展职业教育扶贫政策讲座和咨询活动，引导贫困家庭子女接受有质量职业教育。

各地扶贫部门要结合当地实际，不断创新方式方法，采取切实有效措施加大宣传动员力度，提供更多更好的服务，确保贫困家庭普遍知晓雨露计划职业教育扶持政策和申领补助办法，并能顺利上网申报。

**十一、考核评估**

各地要把雨露计划职业教育工作开展情况作为扶贫开发工作考核、贫困村第一书记任职考核及驻村工作队工作情况管理考核的重要内容，考核内容主要包括 2 个方面：一是应学尽学。贫困家庭未继续升学的初高中毕业生，应该全部参加职业教育；二是应补尽补。符合条件的贫困学生家庭，应该全部及时得到扶贫助学补助。

**十二、其他工作**

（一）摸底调查。各省要结合建档立卡动态管理工作，对贫困家庭子女在校教育基本情况定期进行摸底调查，提高数据信息的完整性和准确性，为资金的精准使用和预留提供基本依据。

（二）业务培训。各省对县级扶贫部门要定期开展业务技能培训，县级管理员实操业务培训，保障按时依规完成审核工作。

（三）定期报告。依托雨露计划信息管理服务系统，严格实行雨露计划职业教育工作进度半年和年度统计报告制度。

（四）跟踪监测。创新工作方式，合理设置指标，对贫困家庭子女接受职业教育后的就业状况、收入水平等进行跟踪监测。积极推行第三方监测评估，为不断完善相关政策措施，更好推进雨露计划工作提供参考建议。

（五）经验总结。各地要及时总结好经验、好做法，注重收集典型案例，指导面上工作。

雨露计划职业教育是推进精准扶贫的重要举措，各级扶贫部门要加强与教育、人力资源社会保障、财政、民政等有关部门沟通协调，加大投入力度，动员社会参与，抓好关键环节，做到全程精准，切实把雨露计划职业教育工作的各个环节落到实处，把好事办好。

## 2、国务院扶贫办行政人事司　财政部办公厅关于开展2014－2015学年雨露计划实施方式改革全覆盖试点工作的通知

国开办发〔2014〕113号

贵州省、甘肃省、宁夏回族自治区扶贫办、财政厅：

为贯彻落实《关于创新机制扎实推进农村扶贫开发工作的意见》（中办发〔2013〕25号）精神，实现精准扶贫目标要求，决定于2014－2015学年在贵州省、甘肃省、宁夏回族自治区开展雨露计划实施方式改革全覆盖试点工作（以下简称“试点”）。现将有关事项通知如下：

**一、试点规模和实施区域**

2014－2015学年，3省（区）可根据通知下达的补助规模和补助资金量合理确定试点区域，确保试点区域内符合条件的建档立卡贫困家庭实现雨露计划补助政策的全覆盖。试点区域以市（地、州）为单位确定，要优先选择贫困程度深、贫困发生率高的地区。试点补助规模见附件。

**二、补助对象和标准**

试点补助对象为建档立卡贫困家庭。贫困家庭成员接受本县、省和跨县、省中、高等职业院校、技工院校教育及一年以上劳动预备制技能培训（进入顶岗实习阶段的学生除外），每生每年补助标准为1500元。补助资金按学期分两次发放，秋季学期700元，春季学期800元。本次中央财政下拨的雨露计划试点资金，用于2014年秋季学期试点补助。

**三、资金使用和管理**

（一）资金使用。3省（区）要根据补助对象实际规模，准确测算资金需求，按需下拨资金。试点资金只能用于补助家庭成员参加职业院校、技工院校教育及一年以上劳动预备制技能培训的建档立卡贫困户，不能用于试点工作经费开支。

（二）补助资金的申请、审批和发放。补助资金按照贫困家庭申请、贫困户子女就读学校书面认可、县扶贫部门审核、社会公示、县财政部门复核等程序，由县财政部门发放到补助对象家庭，有条件的省（区）可使用雨露计划信息管

理服务系统完成申报、审批工作。补助资金要通过一卡通（一折通）方式发放，不得直接发放现金。3省（区）要在今年12月底前完成2014年秋季学期补助资金的发放工作。

（三）监督检查。各级扶贫和财政部门要加强监督检查，确保资金足额、按时发放到补助对象家庭。试点区域内的每个县均要设置投诉电话，接受社会监督。国务院扶贫办和财政部将适时对试点工作开展情况进行检查，同时纳入扶贫开发工作考核和财政专项扶贫资金绩效评价内容。

**四、试点工作要求**

（一）加强组织领导。试点工作由扶贫和财政部门共同负责。3省（区）扶贫和财政部门要根据试点工作要求，切实加强组织领导，制定试点工作实施方案，于9月30日前报国务院扶贫办和财政部备案。

（二）瞄准扶贫对象。要瞄准扶贫对象，坚持把试点工作与贫困识别建档立卡紧密衔接，严禁擅自扩大补助对象范围。

（三）加大宣传力度。要采取多种方式，加大宣传引导力度，加强与教育、人社等部门合作，动员社会力量支持试点工作，鼓励和引导贫困家庭子女接受职业教育培训和劳动预备制培训。

（四）规范操作程序。试点工作要严格按照规定操作程序开展。县级扶贫部门要建立补助对象电子档案，并于试点结束时报上级扶贫部门备查。

（五）鼓励改革创新。在坚持试点工作基本原则的前提下，3省（区）可结合实际，积极创新试点工作的模式和实施方式。

3省（区）要在2015年1月15日前将试点情况总结（含资金使用情况）报国务院扶贫办和财政部。

专此通知。

国务院扶贫办行政人事司　财政部办公厅

2014年9月28日

## 3、国务院扶贫办 教育部 人力资源和社会保障部关于加强雨露计划支持农村贫困家庭新成长劳动力接受职业教育的意见

（国开办发〔2015〕19号）

各省（自治区、直辖市）扶贫办（局），教育厅（教委），人力资源和社会保障厅（局）：

抓好教育是扶贫开发的根本大计。雨露计划作为专项扶贫工作的重要内容，引导和支持农村贫困家庭新成长劳动力接受职业教育，是培养技能型人才、促进稳定就业、实现脱贫致富的治本之举，是提高贫困人口素质，促进贫困地区经济社会发展的重要措施。为切实加强雨露计划工作，加大对农村贫困家庭新成长劳动力接受职业教育政策扶持力度，确保实现精准扶贫目标要求，提出以下意见。

**一、指导思想**

以邓小平理论、“三个代表”重要思想、科学发展观为指导，深入贯彻习近平总书记关于扶贫开发战略思想，落实创新机制扎实推进农村扶贫开发工作的总体部署，把雨露计划农村贫困家庭新成长劳动力职业教育作为实现精准扶贫的一项硬任务，统筹发挥政府、市场和社会的协同推进作用，坚持就业导向，提供政策支持，引导农村贫困家庭新成长劳动力接受职业教育，提素质、学技能，稳就业、增收入，为新型工业化、城镇化建设培养技术技能人才，阻断贫困世代传递。

**二、工作目标**

通过政策扶持，农村贫困家庭子女初、高中毕业后接受中、高等职业教育的比例逐步提高，确保每个孩子起码学会一项有用技能，贫困家庭新成长劳动力创业就业能力得到提升，家庭工资性收入占比显著提高，实现一人长期就业，全家稳定脱贫的目标。

**三、工作原则**

（一）精准扶贫、直补到户。雨露计划扶持政策与建档立卡工作紧密衔接，瞄准扶贫对象，支持农村贫困家庭子女接受职业教育，资金直补到户。

（二）就业导向、群众自愿。发挥市场在资源配置中的决定性作用，以就业前景和职业发展为导向，引导贫困家庭新成长劳动力自主选择就学地点、学校和专业。

（三）政府推动、社会参与。政府发挥引导作用，制定扶持政策，加强管理和指导，提供信息服务。动员社会力量参与，促进社会扶贫和教育扶贫相结合，合力推动农村贫困家庭新成长劳动力职业教育工作。

**四、扶持对象和方式**

（一）扶持对象。子女接受中等职业教育（含普通中专、成人中专、职业高中、技工院校，以下同）、高等职业教育的农村建档立卡贫困家庭。

（二）扶持方式。符合条件的贫困学生无论在何地就读，其家庭均在户籍所在地申请扶贫助学补助。补助资金通过一卡通（一折通）直接补给贫困家庭。

**五、扶持政策**

贫困家庭子女参加中、高等职业教育，给予家庭扶贫助学补助。学生在校期间，其家庭每年均可申请补助资金。各地根据贫困家庭新成长劳动力职业教育工作开展的实际需要，统筹安排中央到省财政专项扶贫资金和地方财政扶贫资金，确定补助标准，可按每生每年3000元左右的标准补助建档立卡贫困家庭。

享受上述政策的同时，农村贫困家庭新成长劳动力接受中、高等职业教育，符合条件的，可享受国家职业教育资助政策。

**六、职责分工**

（一）扶贫部门。加强与教育、人力资源社会保障等部门的沟通协调，排查摸底建档立卡贫困家庭子女接受教育培训情况，落实雨露计划扶贫助学补助，引导初、高中毕业的孩子接受职业教育，开展效果监测评估。

（二）教育部门。督促地方落实国家职业教育相关资助政策。加快发展贫困地区现代职业教育，鼓励国家示范性高等职业院校增加面向中西部地区招生计划。利用完善的教育体系，宣传贫困家庭子女职业教育扶持政策，为贫困家庭提供信息和咨询服务，保证贫困家庭子女职业教育质量。

（三）人社部门。加强对所属技工院校的监督管理，保障参加职业教育贫困家庭学生的就学质量。落实职业技能鉴定补贴政策，加大对贫困家庭学生的补贴力度。加强对就业创业工作的组织领导，提供就业信息服务，促进贫困家庭子女毕业后尽快实现就业。

**七、组织保障**

（一）加强组织领导。按照“中央统筹、省负总责、县抓落实”的管理体制，国家层面统一规划，监督指导。各级扶贫开发部门要把贫困家庭子女职业教育工作列入重要议事日程，制定工作计划，明确工作目标，加强部门协调，保障助学补助资金和工作经费。

（二）规范资金管理。各地要加强各项财政资金的管理监督，严格操作程序，实行公告公示制度，自觉接受纪检、监察、审计等部门监管和社会监督。对虚报冒领、私分、截留、挪用资金的单位和个人，依据有关规定严肃查处。

（三）强化宣传动员。发挥基层组织尤其是村两委和驻村工作队的一线组织动员作用，宣传国家政策，引导贫困家庭子女接受职业教育。充分发挥初、高中学校的宣传动员作用，引导学生选择优质培训机构。采取多种方式特别是新媒体手段宣传国家政策和雨露计划工作成果，营造全社会关注、关心和参与雨露计划扶贫行动的氛围。

（四）严格考核评估。将贫困家庭新成长劳动力职业教育纳入扶贫工作考核。

（五）推行信息化管理。建立雨露计划信息服务管理系统，与扶贫开发建档立卡信息系统、教育部职业教育学籍管理系统、人社部技工院校学籍管理系统实现数据对接，实行贫困家庭学生职业教育扶贫补助网上申报，系统自动比对筛选，提高扶持对象资格审核的工作效率和准确度。相关部门充分利用已有平台，积极对就业状况进行跟踪监测。

国务院扶贫办　教育部　人力资源和社会保障部

2015 年 6 月 2 日

## 4、关于调整雨露计划信息管理试点工作时间安排的通知

各有关省、自治区、直辖市扶贫办（局）：

为认真贯彻落实国务院扶贫办《关于开展雨露计划信息管理试点工作的通知》（国开办司发〔2013〕103 号）精神，经商办开发指导司同意，根据工作实际情况，决定对试点工作时间进行如下调整：

试点工作自 4 月起，到 8 月 15 日结束。具体分以下五个阶段：

**一、启动和培训阶段（4 月上中旬以前）**

培训分层次组织，我中心负责对参加雨露计划信息管理试点工作的省份和试点县相关同志进行培训，并启动试点工作。各省份自行安排时间，组织试点县于 4 月中旬前完成对乡镇、村级系统操作人员的培训工作。

**二、宣传申报阶段（4 月 11 日 –5 月 31 日）**

各试点县通过宣传组织工作，动员符合条件的补助对象通过手机发送短信或登录国务院扶贫办雨露计划网站实名注册，自行完成补助申报提交工作。

**三、对象审核阶段（6月1－30日）**

村、乡、县各级雨露计划信息管理员运用管理系统，按照规定程序完成补助对象审核工作。经向社会公示后，由县扶贫部门最终确认补助对象。各项审核工作具体时间安排是：贫困资格审核，6月1－12日；学籍审核，6月13－22日；公示审核，6月23－30日。

**四、补助发放阶段（7月1－31日）**

试点县扶贫部门会同财政部门对符合条件的补助对象发放补助资金。

**五、验收总结阶段（2014年8月1－15日）**

认真验收和总结试点工作，评估试点效果，对发现的问题提出相应的改进意见和建议，形成书面总结材料（含资金使用情况），于8月15日前报送国务院扶贫办开发指导司，抄送全国贫困地区干部培训中心。

各有关省份要认真组织，精心实施，指导试点县按照要求，在规定的时间节点内完成各阶段工作，确保试点工作达到预期目的。

专此通知。

2014年4月9日

# 附录三　2015 年部分地方政府雨露计划政策文件选编

## 1、贵州省2015年“1户1人·雨露计划”实施意见

（黔扶通〔2015〕25号）

各市（州）、贵安新区，仁怀、威宁县扶贫办（局）：

根据贵州省人民政府办公厅关于印发《贵州省创新职教培训扶贫“1户1人”三年行动计划（2015－2017）》（黔府办函〔2014〕147号）和国务院扶贫办、财政部办公厅《国务院扶贫办行政人事司　财政部办公厅关于开展2014－2015学年雨露计划实施方式改革试全覆盖试点工作的通知》（国开办司发〔2014〕113号）文件要求，特制定本实施意见。

**一、目标任务**

2015年助学培训（助学）任务为40.2万人次，分两批下达项目计划和资金。结合各市（州）项目推报情况和2015年省办雨露计划工作座谈会精神，经研究，第一批计划安排培训（助学）254025人次、财政扶贫资金1.5亿元。围绕特色优势扶贫产业及项目，重点实施农村贫困学子助学行动、农村贫困妇女“雨露计划·‘三女’”培育行动、贫困村致富带头人“能人培养”行动、农村贫困劳动力转移培训行动、农业实用技术培训行动等五项行动11类培训。其中：助学类项目（含国办试点项目）年度按照“建档立卡户子女应补尽补”原则计划安排助学17.4万人（其中：第一批10.1425万人）、财政扶贫资金29600万元（其中：第一批10674万元），实际资金按照需要安排；技术培训类年度安排培训人数22.8万人次（其中：第一批15.26万人次）、财政扶贫资金11410万元（其中：第一批4326万元）。（详见黔财农〔2015〕8号文件）

（一）“雨露计划·圆梦行动”。对应届高中毕业生考入二本（含）以上大学的农村建档立卡贫困（低保）家庭子女和农村孤儿，一次性补助每生4000元。

程序为：学生本人或各级扶贫部门通过“雨露计划信息管理服务系统”申报和审核→县级扶贫部门审核公示 7 天后确定资助人员名单→录入扶贫电子政务平台报备→通过“一卡通”发放资助金。每个农村建档立卡贫困（低保）家庭子女和农村孤儿只能享受一次资助，做到应补尽补。第一批资金 3200 万元，资助 8000 人。

（二）2014 ~2015 年雨露计划实施方式改革试点全覆盖（2015 年春季学期）。2015 年春季学期每生补助资金 800 元安排助学人数 93425 人、财政扶贫资金 7474 万元。具体政策按省扶贫办　省财政厅《关于开展 2014 -2015 学年雨露计划实施方式改革全覆盖试点工作的通知》（黔扶通〔2014〕107 号）文件组织实施，本学年内各试点县差额资金在 2015 年第二批雨露计划财政专项资金中补足，工作流程同“雨露计划 · 圆梦行动”。

（三）“雨露计划. ‘三女’培育”。全年培训 2. 8 万人（骨干 1800 人），其中：“持家女”2 万人（骨干 1000 人）、“家政女”3000 人（骨干 300 人）、“锦绣女”5000 人（骨干 500 人）。第一批安排培训人数 1. 1 万人（骨干 1000 人）、财政扶贫资金 1150 万元。其中：“持家女”3900 人（骨干 400 人）、“家政女”3100 人（骨干 200 人）、“锦绣女”4000 人（骨干 400 人）。普训人均补助 1000 元，培训不少于 56 学时（其中实操课不少于 40 学时）；骨干培训人均补助 2500 元，培训不少于 136 学时（普训 56 学时 + 骨干提高 80 学时）。具体政策按省扶贫办和省妇联《关于联合开展“‘1 户 1 人’计划. ‘三女’培育”三年行动计划的实施意见》（另文下达）组织实施。

（四）贫困村致富带头人培训。全年培训 1. 5 万人。第一批安排资金 1500 万元、培训 6000 人（含省级示范培训班 125 万元、500 人）。人均补助 2500 元。采取“4 + N + 1 + X”的培训模式，即：短期集中培训 7 天（“4 + N + 1”）+ 长期创业辅导（X），实地考察 + 现场讲授 + 专家授课 + 课堂讨论 + 创业辅导“五位一体”方式开展培训，具体政策按省委组织部和省扶贫办《关于联合开展“‘1 户 1 人’计划. 贫困村致富带头人”三年行动计划的实施意见》（另文下达）组织实施。

（五）农村贫困劳动力转移培训。全年安排资金 3390 万元，培训就业 6. 5 万人。培训项目包括扶贫部门单独实施的“雨露计划 · 三位一体培训”和对人力资源和社会保障部门组织的“春潮行动”“创业培训”及“‘两后生’劳动预备制培训”的农村建档立卡贫困户给予特惠补贴 4 类项目，除“劳动预备制培训”按每人补助 1500 元外，其他 3 类培训项目按每人 300 元标准给予培训（招工）

企业补贴。程序为："雨露计划·三位一体"培训，培训主体申报→当地县级扶贫部门抽查审核认定其"企业招工+培训+就业"人员名单及其建档立卡贫困户编号和工资发放清册→给予招工培训企业补贴并提供上述依据报账；"春潮行动"、"创业培训"和"'两后生'劳动预备制培训"，根据当地人力资源社会保障部门的培训和验收证明以及参训人员建档立卡贫困户编号，给予培训（招工）企业补贴并提供上述依据报账。第一批安排"企业招工+培训+就业"三位一体项目资金480万元，培训就业16000人；其他类培训项目任务资金在2015年第二批雨露计划财政扶贫专项资金中安排考虑。

（六）农业实用技术培训。全年安排项目资金1200万元，培训12万人次。第一批已下达1196万元，培训11.96万人次，对扶贫产业项目区农户开展1天以上1-2个关键技术实操培训，人均补助100元。程序为：实施单位向县级扶贫部门提交培训实施方案→经审批后开展培训→录入扶贫电子政务平台报备→培训结束后提供参训人员名单、培训过程文字图片和监管表报账。

**二、组织措施**

（一）统一思想认识，加强组织领导。实施"贵州省职教培训扶贫'1户1人'三年行动计划"，对农村建档立卡贫困人口开展大规模的职业教育和技能培训，是我省贯彻国家教育扶贫工程及国务院扶贫办打造雨露计划等三大扶贫品牌工作部署，以就业为本，培训转移、"减少"农民，以增收为要，提高技能、调整结构，"扶产业"、"强素质"、"拔穷根"，变农村贫困人口包袱为人力资源开发红利的必然选择和创新性举措。2015年是实施三年计划、将提高贫困人口素质提升到政府工作层面的第一年，雨露计划又是行动计划主要支撑项目，已经列入2015年省政府目标考核，各级扶贫部门一定要切实提高认识，加强组织领导，发挥好主体和引导作用，确保开好头、起好步，首战告捷。

（二）创新工作机制，构建大培训格局。按照"1户1人计划"，2015年全省雨露计划培训（助学）任务是以往年度的一倍，任务重、要求高、时间紧，只有创新工作机制，广泛动员各方参与，才能实现预期目标。为此，省办根据"'1户1人'三年行动计划"要求，通过广泛调研、多方协调，研究制定或与有关部门联合制定了《省扶贫办购买雨露计划培训服务试行办法》、省扶贫办与省教育厅《关于建立"贵州省教育扶贫百校基地"的通知》、省委组织部与省扶贫办《关于联合开展"'1户1人'计划·贫困村致富带头人"三年行动计划的实施意见》、省扶贫办与省妇联《关于联合开展"'1户1人'计划·'三女'培育"三年行动计划的实施意见》等文件，还将建立职教培训扶贫联席会议制度，构建相关部门联动和督查机制等，旨在充分动员各相关部门职教培训资源优势，集成职教培训扶贫力量，形成联合推动合力，同时，更多地引入市场化手段，采取政府补贴、购买服务、以奖代补、先训后补、服务外包等方式，广泛吸纳各类企业、社会团体和相关组织参与职教培训扶贫，更好地发挥财政扶贫资金的引子作用。各地要认真学习领会这一系列文件精神，结合本地实际制定实施办法，创造性地利用好这些政策措施，积极请进来、走出去，开放带动，创新突破，确保 12 月底前完成培训任务。

（三）创新培训方式，提升培训质量。变贫困农户“要我学”为“我要学”，一个关键因素是培训的针对性和质量。要下大力优化科目课程设计和教材教法研发，请进来与走出去结合，创新进村入户培训、工学结合的订单及定向培训、“培训→实践→再培训→再实践 + 创业辅导”、“研学产销”一体化培训、农业技能“师带徒”等方便群众、灵活实用的培训方式；优化职业技能培训的统筹指导、相关资格证书考证、信息平台打造等服务；打造好教育、人社、扶贫部门共同在清镇职教城和全省职教“百校大战”项目学校挂牌建设 100 个各具特色、有比较优势的贵州省职业教育扶贫百校基地等，建立健全以职业院校、技工院校、企业和各类职业培训机构为载体的职业培训体系；大力推进职教培训与产业化扶贫、驻村工作队等的联系及呼应，贯通贫困户职教培训与创业就业的联系通道，推进职教培训成果最大限度地转化为贫困户脱贫致富的现实成果。

（四）落实各级责任，加强资金监管。创新省、市、县三级扶贫部门协同推进机制，县级扶贫部门是抓好落实及实施监管的关键，要切实加强雨露计划等职教培训扶贫工作力量，按照“四到县”的原则，负责组织实施、过程监管和检查验收，要规范培训标准，保证培训质量，及时填报报表，报送阶段性工作小结和年度工作总结；市级扶贫部门负责协调、督促和抽查，并及时汇总上报报表、半年和年度工作总结；省扶贫办加强检查指导和抽查，必要时组织第三方对相关项目进行评估。要严格实行项目通过扶贫电子政务平台和涉农资金监管平台报备制度，充分发挥全省扶贫电子政务平台和雨露计划信息化管理系统中期督察作用，县乡要建立健全用工需求、农村贫困户劳动力资源和受训情况等基础台账，摸清底数、定期更新、动态管理，各类培训要向符合条件的复员退伍军人、计生户、妇女等群体倾斜；各县要尽快清理雨露计划历年结余资金，在今年上半年实施完毕。助学类项目要做到“应补尽补”，凡因规定时限内未按要求申报导致本辖区内资金计划不能满足需求的责任自负。要加强过程监管，严格执行财政扶贫项目和资金管理规定，强化财政扶贫专项资金公示公告，接受社会监督，预防和惩治违法违规行为。

（五）加强宣传动员，扩大雨露计划品牌影响力。各级扶贫部门要加大宣传力度，采取主流媒体开设专栏及专题节目、利用微信微博等新媒体广泛宣传、进村入户发动、对象现身说法等多种形式，大力宣传各级党委、政府“扶贫先扶智”、加强职教培训扶贫的方针政策，有效提高雨露计划的知晓率、公信力和美誉度，营造全社会参与和支持职教培训扶贫的良好环境；宣传技能成才和技能致富的典型事迹，引导全省农村建档立卡贫困户子女接受职业教育培训和劳动预备制培训，变“要我学”为“我要学”，有效增加贫困农户工资性收入，逐步消除农村“零就业”贫困家庭。重点打造“雨露计划·助学行动”、“雨露计划·‘三女’培育”、“雨露计划·致富带头人培养”三大贵州雨露计划品牌，创出贵州雨露计划特色。

**三、有关要求**

（一）各市（州）、县依据《关于2015年财政专项扶贫发展资金省级竞争入围结果及有关事项的通知》（黔扶通〔2015〕10号）文件要求，及时做好《雨露计划实施方案》编制、扶贫电子政务平台资金项目录入、审核和逐级报备工作。

（二）雨露计划项目资金报账严格按照《贵州省财政专项扶贫资金报账制管理实施细则（试行）》（黔财农〔2014〕85号）文件规定执行。

（三）积极改革创新，改变传统观念，逐步推进雨露计划项目培训方式由传统培训模式向政府购买社会培训成果方式转变。条件成熟的市、县要按照《省扶贫办关于印发〈购买雨露计划培训服务试行办法 > 的通知》文件要求先行先试，总结经验，提高培训成效。

2015年3月22日

## 2、贵州省扶贫办关于印发《购买雨露计划培训服务试行办法》的通知

（黔扶通〔2015〕26号）

各市（州）、贵安新区，仁怀、威宁县扶贫办（局）：

根据《省人民政府办公厅关于政府向社会力量购买服务的实施意见》（黔府办发〔2014〕39号，以下简称《实施意见》）、《国务院扶贫开发领导小组关于改革财政专项扶贫资金管理机制的意见》（国开发〔2014〕9号，以下简称《意见》）和《省政府办公厅关于印发〈贵州省创新职教培训扶贫“1户1人”三年行动计划（2015—2017年）〉的通知》（黔府办函〔2014〕147号，以下简称《“1户1人”计划》）文件精神，为确保《“1户1人”计划》落实，提高职教培训扶贫的水平和效率，现就《“1户1人”计划》中由扶贫部门组织实施的雨露计划相关培训项目向社会力量购买服务制定如下试行办法。

**一、购买服务的原则**

——积极稳妥，循序渐进。根据雨露计划培训项目的阶段性特征，在《实施意见》“指导性目录”中选择“看得准、拿得稳的事项”购买服务，成熟一项实施一项。

——分类指导，非均衡推进。选择专业性较强、市场化程度较高、就业导向较强烈、社会培训机制较成熟、体制内培训力量较弱的项目试行，取得经验后再渐次推开。按照扶贫项目资金“四到县”的原则，各市（州）及县（市、区）可结合本地实际和工作需要，报经同级人民政府同意，根据《实施意见》和本《试行办法》确定相关项目购买服务，报省扶贫办备案。成熟一地推进一地，不搞“一刀切”。

——公开透明，竞争择优。坚持公开、公平、公正原则，通过竞争择优的方式选择承接政府购买服务的社会力量，实现“多中选好、好中选优”。

——创新机制，强化绩效。充分发挥财政专项扶贫资金的引子作用，对于与就（创）业结合较紧密、更需要市场化配置资源的培训交由社会力量实施，推进部门职能转变。创新政府向社会力量购买服务工作机制和方式，坚持精打细算，明确权利义务，切实提高财政资金使用效益，把有限的财政资金用到人民群众最需要的地方。

——“见苗浇水”，对象精准。在坚持培训的真实、效果和对象精准两个基本标准的前提下，更多地采用先训后补、以奖代补等方式购买社会培训成果，从而达到有利于满足对象需求、降低培训成本、提升培训质量水平和资金效益的目的。

——效果导向，效率优先。坚持以实施效果倒逼下年度购买计划，按照比较效益原则，建立进退机制。

**二、购买服务的项目**

各地可根据《实施意见》列出的“指导性目录”（第一批）和本试行办法要求，选择采取购买社会力量服务的方式，实施以下三类6项“1户1人”计划·雨露计划培训项目。

（一）提升妇女素质培训服务（“指导性目录”基本公共服务事项之人才服务类，A0307）。具体为：《“1户1人”计划》“三女培育”项目中“家政女”和“锦绣女”培训子项目。

（二）政府组织的农民种养技能培训与指导（“指导性目录”基本公共服务事项之服务三农类，A1805）。具体为：《“1户1人”计划》“雨露计划·农技培训”项目。

（三）劳动职业技能培训服务（“指导性目录”基本公共服务事项之劳动就业服务类，A0211）。具体为：《“1户1人”计划》中“雨露计划·三位一体培训”、“农民工技能提升计划‘春潮行动’”和“‘两后生’劳动预备制培训”中农村建档立卡贫困户培训项目。

**三、购买服务的规范**

（一）承接主体的确定。承接政府购买服务的主体（以下简称承接主体）包括依法在民政部门登记成立或经国务院批准免予登记的社会组织，以及依法在工商管理或行业主管部门登记成立的企业、机构等社会力量。

1、承接主体的条件

（1）共性条件。具有独立承担民事责任的能力；具备提供服务所必需的设施、人员和专业技术能力；具有健全的内部治理结构、财务会计和资产管理制度；在参与政府购买服务竞争前三年内无重大违法违纪行为，通过年检或按要求履行年度报告公示义务、依法取得相关资质并持续符合资质认定条件，具有良好的社会和商业信誉；具有依法缴纳税收和社会保险的良好记录。

（2）专业要求。“雨露计划·家政女培训”项目，承接主体必须是经营状况良好，具备进村入户培训、推荐就业的订单及定向培训、跟踪服务的家政服务企业或具备上述条件的“省职业教育扶贫百校基地”以及多年参与实施雨露计划信誉效果良好的相关培训机构；“雨露计划·锦绣女培训”项目，承接主体必须是经营状况良好，具备进村入户培训、工学结合订单及定向培训、“研学产销”一体的民族手工艺经营企业或具备上述条件的“省职业教育扶贫百校基地”以及多年参与实施雨露计划信誉效果良好的相关培训机构。

（3）法律、法规规定以及购买服务项目要求的其他条件。

2、承接主体的确定。依据《中华人民共和国政府采购法》和《实施意见》相关规定确定。

（1）“雨露计划·家政女培训”“雨露计划·锦绣女培训”项目。主要采取竞争性采购确定的承接主体，通过公开招标、邀请招标、竞争性谈判、询价、单一来源采购等方式确定。

（2）“雨露计划·农技培训”项目。除竞争性采购外，对具有特殊性的培训，可采取委托、战略合作、服务外包等方式确定。

（3）劳动职业技能培训项目。采取委托、战略合作、服务外包等方式确定。

（二）购买方式。按照先训后补、以奖代补、见苗浇水，效果导向、效率优先的原则，因项施策、一项一策。

1、“雨露计划·家政女培训”“雨露计划·锦绣女培训”项目。可采取先与承接主体签订购买合同再实施培训的购买方式；也可采取先训后补、以奖代补的方式，由承接主体自主组织培训后，向当地扶贫部门申报补助，经当地扶贫部门组织的专门机构审核确认后，给予相应补贴的购买方式。

2、“雨露计划·农技培训”项目。采取委托、战略合作、服务外包、“师带徒”等方式确定购买方式。可先签订购买合同再实施培训；也可采取先训后补、以奖代补的方式审定购买。

3、劳动职业技能培训项目。采取委托、战略合作、服务外包等方式确定购买方式，购买以下项目中涉及农村建档立卡贫困户的服务。其中：“雨露计划·三位一体培训”，采取“企业自主招工＋岗前培训＋就业”三位一体的方式，经当地扶贫部门审核认定，按所培训的农村建档立卡贫困户数量给予企业补贴；“春潮行动”和“‘两后生’劳动预备制培训”，在人力资源和社会保障部门组织培训普惠补助基础上，经当地扶贫部门与人力资源社会保障部门共同审核认定，对其中的农村建档立卡贫困户再给予培训机构扶贫资金特惠政策补助，以鼓励多招收农村建档立卡贫困户。

（三）购买程序

1、编制购买计划。扶贫部门按《实施意见》要求和本试行意见，编制年度购买服务项目计划，与部门预算一并报同级财政部门审核。

2、公示购买信息。经财政部门审核同意后，按照政府采购有关程序及时向社会公开购买服务项目的预算资金、主要内容、承接标准和目标要求等信息。

3、签订购买合同。根据各类项目的购买方式，与承接主体签订购买服务合同，明确购买服务的范围、标的、数量、质量要求和服务期限、资金支付方式、双方权利义务及违约责任等，严禁转包行为。购买合同报同级省财政部门备案。

4、组织实施购买。承接主体应严格履行合同义务，认真组织实施服务项目，按时完成服务项目任务，保证服务数量、质量和效果，主动接受有关部门、服务对象及社会监督。承接主体完成合同约定的服务事项后，由扶贫部门组织检查验收，验收材料报同级财政部门，并向社会公开。

（四）资金监管

1、资金预算。在雨露计划专项资金年度计划中安排。

2、报账管理及资金拨付。采取向承接主体购买服务、由承接主体按《贵州省财政专项扶贫资金报账制管理实施细则（试行）》（黔财农〔2014〕85 号）文件规定报账，直接拨付到承接主体的方式进行扶贫资金报账管理。报账资料要求如下：

（1）“雨露计划・家政女培训”“雨露计划・锦绣女培训”项目：学员名单及其建档立卡贫困户编号、培训课程及过程的图片和文字资料、学员培训后就业或作品销售情况、扶贫部门组织的检查验收资料。非先训后补和以奖代补方式采购项目，还需提供采购合同。

（2）“雨露计划・农技培训”项目：学员名单、培训课程及过程的图片和文字资料、扶贫部门组织的过程检查资料。

（3）劳动职业技能培训项目：“雨露计划・三位一体”培训，经当地扶贫部门抽查审核认定的“企业招工 + 培训 + 就业”人员名单及其建档立卡贫困户编号，工资发放清册；“春潮行动”和“‘两后生’劳动预备制培训”：当地人力资源社会保障部门的培训及其验收证明，参训人员建档立卡贫困户编号。

3、资金监管。参与各方要严格资金管理，确保公开、透明、规范、有效。监管重点是保证培训的真实性和对象精准。

（五）绩效管理。逐步建立健全科学合理、协调配套的绩效评价指标体系，加强绩效管理，严格绩效评价机制，确保资金使用安全有效。评价结果向社会公布，接受社会各界的监督。

**四、购买服务的措施**

（一）加强组织领导。省扶贫办成立“购买‘雨露计划’培训服务领导小组”，由主要领导任组长，雨露计划分管领导任副组长，综合处、资金监督处、纪检监察室、农村人力资源开发处、政策法规处抽员组成工作小组，负责统筹协调和具体组织实施。加强对各级扶贫部门的指导，细化明确具体工作事项，及时总结各地做法及经验，向全省推广。各级扶贫部门也要参照省办的做法，积极推进此项工作，提高雨露计划实施效率，确保“1 户 1 人”计划落实到位。

（二）加强协调配合。根据《实施意见》“政府向社会力量购买服务，要按照政府主导、部门负责、社会参与、共同监督的要求，确保工作规范有序开展”的要求，各级扶贫部门要主动争取财政部门的指导和监督；充分运用发展改革部门审定的征信服务和使用信用记录；协调民政、工商管理及行业主管部门对承接主体进行资格审查；主动接受审计部门的资金审计和监察机关的监督；采取多种有效方式扩大购买信息公开，接受社会各界监督。

（三）加强监督管理。要严格遵守扶贫专项财政资金管理规定，确保政府向社会力量购买服务资金规范管理和使用，及时组织验收，及时组织及监督报账，不得发生截留、挪用和滞留资金的情况。要监督购买主体建立健全内部监督管理制度和财务报告制度，按规定公开购买服务相关信息，并由具有合法资质的注册会计师对财务报告进行审计。要加强对承接主体提供的服务进行跟踪监督，建立政府购买服务进退机制，对弄虚作假、冒领财政资金的承接主体，依法给予行政处罚，三年内不得参与政府购买服务，构成犯罪的，依法追究刑事责任。

2015 年 3 月 22 日

贵州省扶贫开发办公室综合处　　2015 年 3 月 24 日印发

## 3、重庆市扶贫开发办公室
## 关于印发 2015 年度全市扶贫培训计划实施意见的通知

渝扶办发〔2015〕28 号

各有关区县（自治县）扶贫办、市扶贫指导中心、各扶贫培训基地学校：

现将《2015 年度全市扶贫培训计划实施意见》印发你们，请结合本地区本单位实际，认真抓好落实。

重庆市扶贫开发办公室

2015 年 3 月 4 日

# 2015 年度全市扶贫培训计划实施意见

2015 年，全市雨露计划工作将按照“围绕中心任务、瞄准扶贫对象、调整培训结构、强化监管机制、做出培训亮点、提高培训效益”的总体要求，切实增强贫困人口自我发展能力，大力促进贫困地区农民增收致富。

## 一、目标任务

2015 年全市计划完成扶贫培训和贫困生资助 10 万人，其中贫困村群众和贫困人口所占比率 50% 以上。计划全市资助 20000 名中高职贫困学生；通过培训实现 2000 人转移就业、2000 人成功创业、200 名残疾人掌握自食其力的一技之长；资助重点区县定向培养的全科医生和全科教师共 200 名。

## 二、重点工作

（一）雨露技工培训。今年的雨露技工培训仍主要依托原有招标确定的雨露计划基地开展，计划完成培训 3000 人，其中 2000 人实现转移就业。雨露技工培训将重点瞄准贫困村和贫困户，根据就业市场和贫困学员的需求调整培训专业，并进一步完善管理机制。各雨露计划基地校要做好与用工企业对接，开设用工企业“冠名班”、“定向班”，确保学员的安置就业。对培训时间长、资金投入大的挖掘机手、汽车维修、汽车驾驶等专业的培训，其安置就业率必须达到 85% 以上。

（二）致富带头人计扶贫创业培训。致富带头人培训要按照我市五大功能区的定位，以渝东南武陵山片区和渝东北秦巴山片区扶贫攻坚地区为主战场，较大规模地开展以农村经纪人、乡村旅游开发和旅游产品开发为主的培训，全年计划培训 6000 人，其中能切实创业成功的达 2000 人。致富带头人培训将以我市前几年大规模开展的扶贫创业培训为基础，坚持以推动乡村旅游开发和当地特色产业发展为重点，着力打造精品班，把扶贫创业培训推上一个新台阶。

（三）扶贫公益培训。全年计划扶贫公益培训 1000 人。包括贫困地区的残疾人培训、“四新”女带头人培训、贫困村幼儿教师培训、贫困村村医培训等。

（四）农村实用技术培训。2015 年全市计划开展农村实用技术培训 65000 人。农村实用技术培训主要由各区县根据当地实际情况，围绕当地主导的种植业和养殖业，特别是市场前景好、比较效益高的特色产业开展。

（五）扶贫干部政策培训。2015 年计划对全市扶贫系统的干部进行轮训，全年计划培训扶贫干部 5000 人次。干部培训要站在更高的层次、以更开阔的视野来开展，要按照党中央国务院、市委市政府的相关要求，适应新阶段扶贫开发的需要，调整培训计划、科学安排培训内容，更好地组织培训，切实提高全市扶贫干部队伍的理论素质和业务能力。

（六）资助贫困学生。一是进一步争取国务院扶贫办的支持，确保2015年资助贫困中高职学生达到20000人，并在此基础上有所突破。二是继续支持特困家庭初中毕业生职业教育“五年一贯制”的试点工作，积极配合试点学校创新工作，力争招生难的问题有所转变。三是建立贫困生救助专项基金，对贫困大学生和部分特别贫困的其他学生进行救助。四是主动同教育部门联系，为扶贫工作重点区县定向培养全科医生和全科教师200名。

**三、主要措施**

（一）加强领导。扶贫培训是扶贫工作的三大品牌之一，是功在当代、利在千秋的德政工程、民心工程，是扶贫开发的重要任务之一。各级扶贫部门和扶贫培训基地学校要切实加强领导，结合本地、本校实际，采取有效措施，做到工作有计划、有安排、有目标，确保全年计划任务能圆满完成。

（二）强化宣传。一是全市统一印制扶贫培训和雨露计划政策宣传手册，并免费发放到各贫困村和贫困户，真正做到扶贫培训政策家喻户晓。二是在重庆扶贫公众信息网上开辟专栏对扶贫培训和雨露计划工作进行宣传，同时在各主流报刊和网站上进行广泛宣传。三是鼓励各培训学校通过电视、广播、报刊、互联网、宣传栏等多种形式进行招生宣传。

（三）严格管理。按照“管住资金、管好机构、管严自己”的总体要求，从三个方面加强严格管理：一是继续加强原有的明察暗访制、跟班监督员制、报账抽查制、黑名单制等多项行之有效的制度；二是引入远程监管制度，对所有培训学校进行培训过程的全程监控和摄像；三是加强自身监管，对各培训项目的立项、审核、抽查等都必须2人以上共同管理，并有纪检监察、资金管理等部门全程参与。

## 4、湖北省关于加强雨露计划支持农村贫困家庭新成长劳动力接受职业教育的实施意见

各市、州、县、神农架林区扶贫办，教育局、人力资源和社会保障局：

为贯彻落实国务院扶贫办、教育部、人力资源和社会保障部《关于加强雨露

计划支持农村贫困家庭新成长劳动力接受职业教育的意见》（国开办发〔2015〕19 号）精神，切实加强我省雨露计划工作，加大对农村贫困家庭新成长劳动力接受职业教育政策扶持力度，按照“精准扶贫、不落一人”总要求，现提出如下实施意见。

**一、指导思想**

以邓小平理论、“三个代表”重要思想、科学发展观为指导，深入贯彻习近平总书记关于扶贫开发战略思想，落实创新机制扎实推进农村扶贫开发工作的总体部署，把雨露计划作为推进精准扶贫、精准脱贫的一项硬任务，统筹发挥政府、市场和社会的协同推进作用，坚持就业导向，提供政策支持，引导农村贫困家庭新成长劳动力接受职业教育，提素质、学技能，稳就业、增收入，为新型工业化、城镇化建设培养技术技能人才，阻断贫困世代传递。

**二、工作目标**

按照“瞄准对象、应补尽补”的工作要求，通过政策扶持，使我省农村贫困家庭子女初、高中毕业后接受中、高等职业教育的比例逐步提高，确保每个孩子学会一项有用技能，贫困家庭新成长劳动力创业就业能力得到提升，家庭工资性收入占比显著提高，实现一人长期就业，全家稳定脱贫的目标。

**三、工作原则**

（一）精准扶贫、直补到户。雨露计划扶持政策与建档立卡工作紧密衔接，瞄准扶贫对象，聚焦重点人群，支持农村贫困家庭子女接受职业教育，扶贫助学资金直补到户。

（二）就业导向、群众自愿。发挥市场在资源配置中的决定性作用，以就业前景和职业发展为导向，引导贫困家庭新成长劳动力接受职业教育，自主选择就学地点、学校和专业。

（三）部门联动，重点倾斜。强化部门联动和工作协调，统筹教育、人力资源和社会保障、扶贫等部门职业教育培训资源和政策资源，确保相关扶持政策和教育资助政策向农村建档立卡贫困人口倾斜，支持贫困家庭子女接受并完成职业教育。

（四）政府推动，社会参与。政府发挥引导作用，制定扶持政策，加强管理和指导，提供信息服务。动员社会力量参与，促进社会扶贫和教育扶贫相结合，合力推动农村贫困家庭新成长劳动力职业教育工作。

**四、扶持政策**

（一）扶持对象。全省建档立卡农村贫困家庭中当年接受本地和异地高等职业教育（含高职院校、技师学院、全日制普通大专一、二、三年级）、中等职业教育（含全日制普通中专、成人中专、职业高中、技工院校一、二、三年级）（以下同），且在国家职业教育主管部门学籍管理系统注册正式学籍的学生。上述扶持对象在校期间（包括顶岗实习），其家庭均可享受扶贫助学补助。符合条件的贫困学生家庭第一次得到扶贫助学补助后，学生在校三年学习期间，因扶贫开发农村建档立卡信息系统的动态管理，其家庭不再属于建档立卡贫困家庭的，可继续享受雨露计划职业教育扶持政策。

（二）补助方式。符合雨露计划职业教育补助条件的贫困户子女无论在何地就读，其家庭均在户籍所在地申请扶贫助学补助。每学年补助资金分秋季学期、春季学期发放。补助资金通过支农惠农“一卡（折）通”直接发放到贫困家庭，并在“一卡（折）通”细目上标明“雨露计划扶贫补助”。

（三）补助标准。各县（市、区）扶贫部门根据贫困家庭新成长劳动力职业教育工作开展的实际需要，合理统筹安排中央、省财政专项扶贫资金和地方财政扶贫资金，对符合雨露计划职业教育对象条件的建档立卡贫困家庭，给予每生每学年不低于3000元的补助。

（四）政策叠加。农村贫困家庭新成长劳动力接受中、高等职业教育享受上述扶贫助学政策的同时，符合条件的，享受国家职业教育资助政策。

**五、实施方式**

自2015年秋季学期起，我省雨露计划职业教育扶贫助学补助资金的申报，全部通过全国雨露计划信息管理服务平台操作。具体实施方式如下：

（一）网络申报。全省接受中、高等职业教育的农村建档立卡贫困家庭子女，在校期间分学期申报雨露计划补助资金。可通过手机安装“雨露百事通”APP按提示填报，或登录国务院扶贫办雨露计划网站（网址：www.yulujihua.com）实名注册提交申请。农村建档立卡贫困家庭没有条件通过网络申报的，县级扶贫部门、驻村干部和帮扶责任人在征得贫困家庭同意后，提供及时帮助和服务。

（二）网上审核。全国雨露计划信息管理服务系统与国务院扶贫办建档立卡系统和教育部、人力资源和社会保障部中、高等职业教育学籍系统自动比对，自动审核贫困家庭信息和学生在校信息。同时，各县（市、区）扶贫部门要按照“村确认、乡初审、县审定”的方式，通过网上审核逐级提交完成扶贫助学补助对象确认。各地在扶贫建档立卡数据完善过程中，对于贫困家庭中户主或其子女存在一方不在档的，可以采取人工辅助审核方式认定补助资格，并严把申请人“是否属于农村建档立卡贫困人口和是否在校接受中等或高等职业教育并有正式学籍”两个关口，要求申请人提供有效证明，并实行谁审核、谁负责。

（三）公示监督。各县（市、区）扶贫部门对审核通过的拟补助对象名单及相关信息，要在贫困家庭所在行政村进行公示，接受村民群众监督。公示现场拍摄照片，上传全国雨露计划信息管理服务系统留存备查。对群众举报的不实对象，由县（市、区）扶贫部门核准后取消补助对象资格。

（四）时间安排。雨露计划职业教育扶贫助学的网络申报、网上审核、资金发放分春季学期、秋季学期进行。（1）春季学期。3 月 10 日至 5 月 10 日为申报时间，6 月 10 日前完成审核，6 月底前将扶贫助学资助发放到位；（2）秋季学期。9 月 20 日至 11 月 20 日为申报时间，12 月 10 前完成审核，12 月底前将扶贫助学资助发放到位。

**六、职责分工**

（一）扶贫部门。加强与教育、人力资源社会保障等部门的沟通协调，排查摸底建档立卡贫困家庭子女接受教育培训情况，落实雨露计划扶贫助学补助，引导初、高中毕业的孩子接受职业教育，开展效果监测评估。

（二）教育部门。督促中、高等职业院校落实国家职业教育相关资助政策。加快发展贫困地区现代职业教育，鼓励国家示范性高等职业院校增加面向我省贫困地区招生计划。利用完善的教育体系，宣传贫困家庭子女职业教育扶持政策，为贫困家庭提供信息和咨询服务，保证贫困家庭子女职业教育质量。

（三）人社部门。加强对所属技工院校的监督管理，保障参加职业教育贫困家庭学生的就学质量。落实职业技能鉴定补贴政策，加大对贫困家庭学生的补贴力度。加强对就业创业工作的组织领导，提供就业信息服务，促进贫困家庭子女毕业后尽快实现就业。

**七、保障措施**

（一）加强组织领导。按照“中央统筹、省负总责、县抓落实”的管理体制，加强雨露计划支持农村贫困家庭新成长劳动力接受职业教育工作的管理指导和监督。各级扶贫部门要切实提高认识，把贫困家庭子女职业教育工作列入重要议事日程，制定工作计划，明确工作目标，加强部门协调。省级扶贫部门负责统筹指导，市级扶贫部门负责督促检查，县级扶贫部门负责实施落实。

（二）规范资金管理。各地要加强各项财政资金的管理监督，严格操作程序，实行公告公示制度，自觉接受纪检、监察、审计等部门监管和社会监督。对虚报冒领、私分、截留、挪用资金的单位和个人，依据有关规定严肃查处。

（三）强化宣传动员。发挥基层组织尤其是村两委和驻村工作队的一线组织动员作用，宣传国家扶贫助学政策，引导贫困家庭子女接受职业教育。充分发挥初、高中学校的宣传动员作用，引导学生选择优质培训机构。采取多种方式特别是新媒体手段宣传国家政策和雨露计划工作成果，营造全社会关注、关心和参与雨露计划扶贫行动的氛围。

（四）严格考核评估。进一步建立健全雨露计划职业教育扶贫绩效考核评价制度，将雨露计划扶贫助学项目的实施考核结果作为扶贫工作考核评价、扶贫资金分配的重要因素，形成考核激励约束机制，确保雨露计划支持农村贫困家庭新成长劳动力接受职业教育工作的顺利推进。

各地开展的雨露计划短期技能培训项目，继续按照鄂政扶发〔2014〕22号文件要求执行。

省扶贫办省教育厅省人社厅

湖北省人民政府扶贫开发办公室综合处　2015年10月22日印发

## 5、甘肃省扶贫开发办公室关于印发《甘肃省贫困地区10万名“两后生”（雨露计划）学历型职业技能培训工作方案》的通知

各市州扶贫办：

学历型职业技能培训，是新时期扶贫开发创新的重要内容，是提高贫困地区劳动力素质的重要措施，也是增加农民收入的有效途径，为切实实施好我省贫困地区两后生（雨露计划）学历型职业技能培训工作，我们根据中办25号《关于创新机制扎实推进农村扶贫开发工作的意见》和省委省政府《关于深入实施“1236”扶贫攻坚行动的意见》精神与要求，结合我省贫困地区实际，制定了《甘肃省贫困地区10万名两后生（雨露计划）学历型职业技能培训工作方案》。此方案经办党组会议研究通过，现印发你们，请按方案要求，认真贯彻执行。

附件：《甘肃省贫困地区10万名两后生（雨露计划）学历型职业技能培训工作方案》

# 甘肃省贫困地区10万名两后生（雨露计划）学历型职业技能培训工作方案

为切实提升贫困地区劳动力素质能力，加快贫困群众脱贫致富步伐，根据中办25号文《关于创新机制扎实推进农村扶贫开发工作的意见》和省委省政府《关于深入实施“1236”扶贫攻坚行动的意见》精神与要求，结合我省贫困地区实际，特制定甘肃省贫困地区10万名两后生（雨露计划）学历型职业技能培训工作方案。

**一、指导思想**

以党的十八大精神为指导，以全省“1236”扶贫攻坚行动为统领，以两后生（雨露计划）学历型职业技能培训为抓手，利用培训资源，创新培训模式，提升能力素质，促进创业就业，为全省实施扶贫攻坚，实现全面小康目标提供人才支撑和智力支持。

**二、目标任务**

2014年全省贫困地区两后生（雨露计划）学历型在读职业技能培训10万名（含一村一名农民大学生）。加上向国家雨露计划申请和争取，力争到2016年实现对贫困地区新增两后生（雨露计划）培训全覆盖，到2020年实现贫困地区劳动力技能培训全覆盖。分市州县区年度计划每年6月份之前下达。

**三、工作重点**

1、瞄准培训对象。以全省贫困地区两后生（雨露计划）为主，对贫困地区初中未考入高中、高中未考入大学的应届和往届毕业生进行学历型职业技能培训。

2、创新培训模式。选择省内外具有招生资质的技工学校、中高等职业技术学校作为常年培训基地，承担两后生（雨露计划）职业技能培训任务。培训采取自愿报名、自愿选择学校的方式进行，切实做到瞄准培训对象、精准扶持到人。同时在现有培训模式的基础上，不断创新思路和办法。一是积极探索中职中专、高职大专、自考函授、电大成人教育等不同形式的培训办法；二是积极探索“全日制”（国家统招全天学习都在学校）、“1+1”（前一年在学校就读，后一年上岗实习）、“2+1”（先在学校读书两年，第三年到企业带薪实习）、“半工半读”（工学结合，一半时间学习理论知识，一半时间安排到企业实习）等多种形式的培训模式；三是积极探索外出转移培训和就地创业、产业扶贫、致富带头人为主的“一村一名农民大学生”培训；四是积极探索民族地区职业技能培训的新形式新办法。

3、保证培训时间。培训时间原则上开展2年的学历型职业技能培训。培训结束，受训人员经考试合格后必须具备两证，即职业学历证和初中级国家资格证（上岗证），就业率达到100%。

4、强化培训基地。培训基地是劳动力产品的加工厂，培训的好坏直接影响劳动力的质量。要不断健全体系加强培训基地建设。一是省扶贫办和省教育厅要进一步加强省级贫困地区两后生职业教育培训集团的工作，扩大接收中高职学校和就业企业的范围，各地的培训招生要尽可能地安排到职业教育集团的范围内。二是根据现有条件，每个县区可选择本县区培训学校、市州培训学校、县区外培训学校、省外培训学校，作为两后生（雨露计划）培训的重点学校。培训学校必须经教育部门、人社部门认定和批准。三是各培训基地和学校之间要打破地方保护主义和封闭现状，做到招生就业双向选择，培训信息互通有无，共享资源，共同维护“两后生”（雨露计划）的合法权益，提高培训质量。四是市县级培训基地认定，实行基地学校申报，县区扶贫办初审，市州扶贫办组织考评认定，并上报省上备案备查，被确定的培训机构可以统一悬挂“xxx两后生学历型职业教育培训基地”标牌。省级培训基地，由省上组织相关单位共同评定。培训基地管理，实行属地管理，由所在地扶贫办负责培训基地的指导、协调和督促检查工作。

5、搞好转移就业。培训的目的就是要转移就业增加收入脱贫致富。各地要以“培训后转移输出，输出后稳定就业”为目标，切实增加农民收入，并为全省区域发展和扶贫开发积累劳动力资源。一是开展相关用工需求调查和就业情况调查，提高就业服务的针对性。二是和用人单位合作积极开展企业招聘对接专项活动；三是推动贫困地区劳动力转移就业工作示范县建设，积极开展跨区域劳务合作；四是紧盯省列重大项目和兰州新区以及各市州县区开发园区、小城镇和新农村建设，促进劳动力就近就地转移就业。五是加强就业信息监测和就业形势研判，积极开拓国际劳务市场，带动海外就业。六是积极建立稳定的劳务输转基地。重点在京津冀地区、长三角地区、珠三角地区和新疆维吾尔自治区建立稳定的劳务协作就业基地和劳务服务工作站，切实做好各地劳务服务工作。劳动力培训转移就业纳入东西协作和对口帮扶合作内容中。积极支持兰州新区的用工需求。七是加大劳务人员推荐力度。省市县三级扶贫部门要会同相关单位、积极配合培训基地学校，根据工作需要，定期不定期的主动走出去、请进来和用工企业、用工单位积极洽谈，推荐劳务人员，开展相关上门服务。八是鼓励有志于家乡建设事业的两后生（雨露计划）和务工致富者回乡创业，带领群众为改变家乡贫困面貌做贡献。

**四、保障措施**

1、加强组织领导。贫困地区两后生（雨露计划）学历型职业技能培训是新时期扶贫开发的重要组成部分，各级扶贫部门和培训学校要高度重视，切实加强对此项工作的领导。各有关培训学校要指定专人，负责培训的日常监管工作。各市县扶贫办要按照职责分工，积极指导、监督协调培训学校做好“两后生”（雨露计划）培训的招生报名、教学管理、资格审查、补助发放、转移输出、跟踪服务等工作。主动协调有关部门做好培训工作的落实。

2、精心组织实施。承担两后生（雨露计划）培训学校的法人为第一责任人，要确保培训时间和教学质量，对培训质量和培训效果负总责。结合两后生（雨露计划）实际情况，制定详细的培训方案和教学计划；选拔那些经验丰富、熟悉培训工作的专业教师来担任教学任务；选择那些符合就业要求、深受学生欢迎的教材供两后生（雨露计划）学习；根据就业创业的特点合理安排理论教学和实习教学；建立一套完整的教学管理规章制度，严格教学管理，确保教学计划顺利实施。

3、资料收集归档。严格落实两后生（雨露计划）培训工作卡片制管理，对参加培训人员要统一填写《甘肃省两后生（雨露计划）培训申请登记表》，培训工作结束后，培训学校要向所在地扶贫办上报培训工作总结。培训学校和扶贫部门要积极收集归类相关资料档案，作为检查的基础资料。培训学校资料要做到六个有：有扶贫和财政部门下达培训任务的相关文件；有记录职业培训工作台账；有培训教学计划和培训方案；有两后生（雨露计划）学员考试成绩汇总；有两后生（雨露计划）补助申请表和相关单位审核盖章签字；有两后生（雨露计划）身份信息和银行一卡通信息等。积极鼓励各市州县区两后生（雨露计划）电子信息化软件管理和使用。

4、资金保障管理。两后生培训补助资金从中央财政扶贫资金专项列支，培训补助标准为第一年每人补助1500元，第二年补助1500元，两年合计3000元。工作经费从项目管理费中列支。按照财政部、发改委、国扶办关于《财政专项扶贫资金管理办法》的相关规定，严格培训补助资金管理和资金审核，严格按照个人申请、乡村审核、学校招收、扶贫复核、财政拨款等程序，采取“钱跟人走”的办法，保证培训补助资金切实打入学生账户或农户一卡通账户。各县区扶贫和财政部门，要对申请人员进行认真把关，对流失人员精准核对，兼顾特殊家庭两后生的扶助，坚决杜绝重复冒领培训补助资金现象的发生。对弄虚作假套取补助资金的学校，要严肃查处，并追究培训学校和相关人员的责任。

5、加强监督检查。各级扶贫和财政部门要切实加强对两后生（雨露计划）培训工作的督促检查。要落实考核检查制度，发现问题，及时进行整改。省上每年最少组织一次对各地“两后生”（雨露计划）培训工作的督促和检查，并将检查结果作为甘肃省扶贫攻坚工作业绩考核评价的一部分，计入平时考核得分，作为下年度分配计划任务的重要依据。检查和抽查可采取工作调研、专项督查、明查暗访、随机抽样、跟踪了解等方式进行，多渠道收集情况并形成量化评价。各市州县区每年也要组织1－2次对该区域两后生（雨露计划）职业技能培训工作检查。自查情况随时上报。

6、加强宣传引导。进一步加大宣传力度，不断提高对两后生（雨露计划）培训工作的认识。各地要通过电视、广播、网络、专栏、板报、印发资料、设立咨询等多种形式，大力宣传开展两后生（雨露计划）培训的重大意义，形成全社会关心支持两后生（雨露计划）培训工作的氛围，调动贫困地区劳动力主动参加职业技能培训的积极性，总结、推广两后生（雨露计划）培训的好机制、好经验、好做法，积极交流、学习、指导两后生（雨露计划）培训工作，营造良好的舆论氛围，使全省“两后生”（雨露计划）职业技能培训工作上一个新台阶。

甘肃省扶贫开发办公室综合处 2014年3月24日印发

## 6、甘肃省扶贫开发办公室、甘肃省教育厅、甘肃省人力资源和社会保障厅《甘肃省贫困地区雨露计划两后生精准培训实施意见》的通知

甘开办发〔2015〕79号关于印发

各有关市（州）扶贫办、教育局、人社局：

为深入贯彻落实省委省政府精准扶贫精准脱贫工作会议精神，依据国务院扶贫办、教育部、人力资源和社会保障部《关于加强雨露计划支持农村贫困家庭新

成长劳动力接受职业教育的意见》，我们拟定了《甘肃省贫困地区雨露计划（两后生）精准培训实施意见》，现印发给你们。

附件：甘肃省贫困地区雨露计划（两后生）精准培训实施意见为切实落实全省精准扶贫精准脱贫工作会议精神，按照省委省政府办公厅印发的《关于精准扶贫劳动力培训支持计划实施方案》的要求，提高雨露计划（两后生）培训的精准化、科学化、规范化水平，确保农村贫困劳动力职业教育扶贫资金补助到户到人，确保实现精准培训精准扶贫的目标实现，确保提升贫困家庭劳动力技能水平和就业创业能力，特制订本实施意见。

**一、指导思想**

深入贯彻习近平总书记关于扶贫开发战略思想，落实创新机制扎实推进农村扶贫开发工作的总体部署，按照省委省政府《关于扎实推进精准扶贫工作的意见》，把雨露计划（两后生）职业教育作为实现精准培训精准扶贫的一项硬任务，统筹发挥政府、市场和社会的协同推进作用，坚持就业创业导向，提供政策支持，引导农村贫困家庭新成长劳动力接受职业教育，提素质、学技能，稳就业、增收入，为新型工业化、农业现代化、城镇化建设和脱贫致富奔小康培训培养技术技能人才，阻断贫困世代传递。

**二、工作目标**

通过政策扶持，农村贫困家庭子女初、高中毕业后接受中、高等职业教育的比例逐步提高，确保每个贫困家庭劳动力学会一项以上实用技能，贫困家庭新成长劳动力创业就业能力得到提升，家庭工资性收入占比显著提高，实现一人长期就业，全家稳定脱贫的目标。重点对我省贫困地区新增的6.5万名两后生（含一村一名农民大学生0.5万人）开展职业技能学历教育培训补助，继续对第二年培训的6.5万名两后生（含一村一名农民大学生0.5万人）开展培训补助，年度计划规模达到13万人次（其中一村一名农民大学生1万人）。积极开展“雨露计划陇原妹家政服务员”培训，机动车驾驶、电器电焊、电子商务、中医中药等其他青壮年劳动力短期技能培训。

**三、工作原则**

（一）精准补助、直补到户。雨露计划扶持政策与建档立卡工作紧密衔接，瞄准扶贫对象，瞄准培训对象，支持农村贫困家庭子女接受职业教育，精准补助，资金直补到户到人。

（二）学生自愿，双向选择。发挥市场在资源配置中的决定性作用，以就业前景和职业发展为导向，引导贫困家庭新成长劳动力自主选择就学地点、学校和专业，自主选择就业企业和就业岗位。

（三）政府推动、社会参与。政府发挥引导作用，制定扶持政策，加强管理和指导，提供信息服务。动员社会力量共同参与，促进社会扶贫和教育扶贫相结合，合力推动农村贫困家庭新成长劳动力职业教育工作。

**四、工作要求**

1、精准培训对象

农村建档立卡接受中等职业教育（含普通中专、成人中专、职业高中、技工院校，以下同）、高等职业教育（含各类大专学校、高职学校以及已改制为职业院校的三本院校）的贫困家庭学生。国家承认学历的省内外普通高等职业院校和普通大专院校一年级、二年级的贫困学生，不含顶岗实习学生；国家承认学历的省内外全日制普通中等专业学校一年级、二年级贫困学生，不含顶岗实习的学生；国家承认学历的省内外全日制普通技工学校一年级贫困学生，不含顶岗实习学生。参加短期技能培训的贫困劳动力。未纳入建档立卡的社救户、低保户、残疾户、烈军属户、计划生育户、因灾返贫户，个人申请，相关单位证明，也可作为补助对象。符合条件的贫困学生无论在何地就读，其家庭或学生均在户籍所在地申请扶贫助学补助。补助资金通过一卡通（一折通）直接补给贫困家庭。

2、精准扶持政策

建档立卡贫困家庭子女参加中、高等职业教育，给予贫困家庭扶贫助学补助。学生在校期间，其家庭每年均可申请补助资金。补助标准技工学校补助一年，中等专业学校补助两年，大专和高职补助两年，可按每生每年 1500 元补助，2 年补助 3000 元。上岗实习学生不在补助范围。若县级扶贫专项有剩余资金，可按国家新标准每人每年 3000 元左右的标准补助建档立卡贫困家庭学生。享受上述政策的同时，农村贫困家庭新成长劳动力接受中、高等职业教育，符合条件的，享受国家职业教育资助政策不变。家政服务员培训和其他贫困地区青壮年短期技能培训每人每期培训补助标准为 1500 元。培训时间由所学专业自行确定。

3、精准工作进度

3 月底前分解下达全省两后生（雨露计划）培训计划方案，分解到市州县区，安排部署前期工作。

4 月底前市州下达各自的两后生培训计划，任务分解到县。5 月—6 月底前做好补助人员的前期调查摸底。6 月—7 月等待高考中考结果。8 月—9 月各培训基地和学校开始招生录取。10 月底前在对新增两后生摸底的同时，完成当年雨露计划（两后生）职业技能学历教育的招生工作。11 月底前完成当年相关短期培训工作。12月底前完成年度报账，将补助资金发放到农户一卡通。

4、精准培训内容。坚持以市场和就业需求为导向，积极开展机械、电子电工、信息、交通、化工、冶金、建筑、农林牧渔、资源环境、新能源、文化艺术、教育、司法服务、中医保健、中医药膳、中药调剂、医疗护工、养老护理、家政服务、电子商务等专业的培训，实现市场需求和培训者的就业意愿有效对接。

5、精准培训效果。在培训结束时，开展培训满意度调查，认真听取培训人员对培训内容、课程设置、培训方式、实习岗位、培训效果的评价，征求改进的意见和建议；在培训人员就业后，各培训基地和县区扶贫部门要开展就业满意度调查，认真听取企业对培训人员的技能评价，征求用工企业对技能培训工作的意见建议。在此基础上，不断优化和改进培训内容和方式，不断提升精准培训的质量，切实增加培训人员就业收入。

6、精准考核评估。将雨露计划（两后生）培训纳入扶贫工作考核范围。各市州要会同相关部门共同开展雨露计划两后生培训监督考核，每年县区扶贫办要自查一次，省上和市州每年要抽查一次，并对雨露计划两后生培训工作进行年度考核评价。考核的重点：精准培训项目台账和培训大数据平台、培训实施方案和年度计划、培训人员花名册、培训人员就业去向、培训经费使用、培训档案收集整理等。

**五、职责分工**

（一）扶贫部门。加强与教育、人力资源和社会保障等部门的沟通协调，配合相关部门排查摸底建档立卡贫困家庭子女接受教育培训情况，落实雨露计划扶贫助学补助，引导初、高中毕业的学生接受职业教育，开展培训效果监测评估以及督促检查。

（二）教育部门。督促地方落实国家职业教育相关资助政策。加快发展贫困地区现代职业教育，鼓励国家示范性高等职业院校增加面向贫困地区招生计划。利用完善的教育体系，宣传贫困家庭子女职业教育扶持政策，提供初三未考入高中，高中未考入大学的两后生花名册，中职学生花名册，大专高职学生花名册，并和扶贫部门对接，为贫困家庭提供信息、咨询、培训服务，保证贫困家庭子女职业教育质量。

（三）人社部门。加强对所属技工院校的监督管理，保障参加职业教育贫困家庭学生的就学质量。落实职业技能鉴定补贴政策，加大对贫困家庭学生的补贴力度。加强对就业创业工作的组织领导，提供技工学校和学生花名册以及就业信息服务，促进贫困家庭子女毕业后尽快实现就业。建立本区域雨露计划两后生培训学生档案，实现台账管理。

六、保障措施

（一）加强组织领导。按照“中央统筹、省上协调、市州督促、县抓落实”的管理体制，省级层面统一规划，制定方案，调查研究、宏观管理；市州要加大对县区的指导督促力度，切实履行监督把关职责；县区要把贫困家庭子女职业教育工作列入重要议事日程，制定精准培训工作计划和实施方案，细化工作措施，明确工作目标，加强部门协调，确保精准培训按计划推进实施。

（二）规范资金管理。各地要加强对培训财政资金的管理监督，严格操作程序，要在实施贫困户建档立卡贫困学生全覆盖的基础上，兼顾特殊家庭贫困户子女。特殊家庭要有相关部门出具的证明。要按照《财政扶贫资金管理办法》加强培训补助资金的管理，采取“钱跟人走”的形式，由个人申请、乡村证明、学校确认、扶贫审核、财政通过相关银行直接打到农民一卡通账户。培训资金要自觉接受纪检、监察、审计、财政等部门监管和社会监督，确保培训资金规范使用发挥效益。（三）强化宣传动员。发挥基层组织尤其是村两委和驻村工作队的一线组织动员作用，宣传国家政策，引导贫困家庭子女接受职业教育。充分发挥初、高中学校的宣传动员作用，引导学生选择优质培训机构。采取多种方式特别是新媒体手段宣传雨露计划（两后生）培训工作成果，营造全社会关注、关心和参与雨露计划（两后生）精准培训扶贫行动的氛围。

（四）推行信息化水平。建立雨露计划（两后生）培训信息服务管理数据平台，积极使用国家提供的软件与扶贫开发建档立卡信息系统、教育部门职业教育学籍管理系统、人社部门技工院校学籍管理系统实现数据对接和共享，积极鼓励实行贫困家庭学生职业教育扶贫补助网上申报，系统自动比对筛选，减少工作量，提高扶持对象资格审核的工作效率和准确度。同时积极开展雨露计划业务人员信息化培训工作。

甘肃省扶贫开发办公室综合处2015年9月25日印

## 7、广西壮族自治区关于做好 2015 年雨露计划扶贫培训工作的通知

桂开办发〔2015〕61 号

各市、县（市、区）扶贫办：

根据自治区人民政府《关于开展教育精准扶贫扶持贫困家庭子女上学就业的实施意见》（桂政发〔2014〕32 号）和自治区扶贫办《关于印发自治区扶贫办 2015 年工作要点的通知》（桂开办发〔2015〕3 号）、《关于做好 2015 年第一批财政专项扶贫资金（发展资金）安排有关情况的通知》（桂开办发〔2015〕5 号）精神，为做好我区 2015 年雨露计划扶贫培训工作，现将有关事项通知如下：

**一、提高雨露计划重要性的认识**

雨露计划作为专项扶贫和教育扶贫的重要内容，是引导、资助农村贫困家庭两后生和青壮年劳动力接受学历教育及技能培训，提升内生动力，促进稳定就业，阻断贫困代际传递，实现脱贫致富的治本之举，对我区与全国同步建成小康社会有重要意义。习近平总书记在参加十二届全国人大三次会议广西代表团审议时指出："要把扶贫攻坚抓紧抓准抓到位，坚持精准扶贫，倒排工期，算好明细账，决不让一个少数民族、一个地区掉队；要帮助贫困地区群众提高身体素质、文化素质、就业能力，坚决阻止贫困现象代际传递"。各级扶贫办要提高对雨露计划重要性的认识，积极主动争取党委、政府的支持，充分发挥扶贫开发领导小组成员单位和驻村工作队（组）、第一书记的作用，创新工作思路，制定科学可行的扶贫培训方案，落实应补尽补政策，提高培训效果。

**二、明确雨露计划补助对象、条件和补助标准**

雨露计划的补助对象、补助条件和补助标准按照桂政发〔2014〕32 号和桂开办发〔2014〕76 号文件的规定执行，同时明确：

（一）补助对象以 2014 年广西贫困农户建档立卡信息管理系统为识别认定依据，"十二五"实施整村推进扶贫开发的 3000 个贫困村中因灾、因病、因学返贫的非在册贫困户子女参加本科学历教育、职业学历教育的，经申请审批可纳入资助范围。经民政部门确认为广西农村孤儿的学历教育学生可给予补助。2014 级职业学历教育学生按规定申请第二学年的补助。

（二）普通高校本科学历教育，资助通过 2015 年普通高等学校招生全国统一考试录取的农村贫困户全日制本科学生，本科预科生、本科院校自主招生录取的

本科学生也纳入资助范围。成人高等教育、高等教育自学考试、电大开放教育、网络教育的学生不纳入补助范围。

（三）就读于本科院校全日制专科学历层次的农村贫困户学生纳入职业学历教育补助范围。

（四）参加“两广”对口帮扶职业教育协作试点项目的学生按照《“两广”对口帮扶职业教育协作“2+1”模式试点实施方案》和《“两广”对口帮扶职业教育协作广东招生培养模式试点实施方案》的规定给予资助。

（五）短期技能培训补助对象为广西农村建档立卡扶贫对象。短期技能培训以奖代补办法按《广西贫困地区劳动力短期技能培训以奖代补实施方案》的规定执行。

（六）农民实用技术培训试点的补助标准由试点县扶贫部门根据实际情况商县财政部门确定，制定培训实施方案，报自治区扶贫办培训中心备案。

**三、改革申请审批流程**

（一）学历教育（含普通高校本科学历教育、职业学历教育、扶贫巾帼励志班、“两广”对口帮扶职业学历教育广东招生培养模式）新生。

1. 申请时间：7 月 10 日—9 月 20 日。

2. 申请方式：网上在线申请。

3. 申请流程：2015 级新生在申请时间内登录广西扶贫信息网（http：//www. gxfpw. com/）“办公大厅”，选择“普通高校本科学历教育申请”或“职业学历教育申请”，在线填写培训审批表，上传录取通知书、户口簿（户主和学生本人页）或学生居民身份证照片、个人一寸相片→携带录取通知书、身份证或户口簿、农户一折（卡）通等材料的原件和复印件到县（市、区，以下统称县）扶贫办审核（复印件由县扶贫办存档）→县扶贫办在线出具初审意见→学生 10 月 20 日前提交就读学校出具的学籍就读证明（见附件 1，扶贫巾帼励志班学生提交《广西扶贫巾帼励志班学籍就读证明》，见附件 2）给县扶贫办核验→县扶贫办按生源地由乡（镇）人民政府或街道办事处公示，县扶贫办同步在县政府信息公开平台公示（公示期为 7 天）、审批→县财政部门在 12 月 25 日前一次性把普通高校本科学历教育扶贫培训补助资金和职业学历教育（含扶贫巾帼励志班、“两广”对口帮扶职业学历教育广东招生培养模式）第一学年扶贫培训补助资金划拨到农户一折（卡）通。

对实施整村推进扶贫开发贫困村中因灾、因病、因学返贫的非在册贫困户新生申请学历教育补助，还需填写《广西整村推进贫困村非在册贫困户证明》（见附件3），经所在村委会审核，驻村工作队签署意见，经乡（镇）人民政府或街道办事处核实后上传到申请系统，并将原件与录取通知书、户口簿或居民身份证原件和复印件一并提交到县扶贫办核验。

（二）职业学历教育（含扶贫巾帼励志班）续培生。

职业学历教育2014级续培生采取纸质申请审批的方式，即续培生在10月20日前提交就读学校出具的学籍就读证明原件给户籍所在县扶贫办，县扶贫办审核后在县政府信息公开平台公示（公示期为7天）、审批，县财政部门在12月25日前把补助资金划拨到农户一折（卡）通。

（三）短期技能培训。

扶贫部门主办的短期技能培训，按桂开办发〔2014〕76号文件执行；短期技能培训以奖代补，按《广西贫困地区劳动力短期技能培训以奖代补实施方案》执行。

（四）农民实用技术培训。按桂开办发〔2014〕76号文件执行。农民实用技术培训试点按试点实施方案执行。

**四、加强项目实施管理**

（一）认真学习政策文件，提高业务能力。各级扶贫部门要高度重视教育精准扶贫，深入研读政策文件，尤其是2015年实行扶贫培训网络信息化管理后，自治区、市、县扶贫办相关业务干部要抓紧学习扶贫培训网络操作，熟练掌握在线申请、审核、反馈、填报数据等业务，进一步提高工作效率。

（二）加强监管，确保应补尽补政策落到实处。各县要按照桂开办发〔2014〕76号和桂开办发〔2015〕5号文件的规定，做好2015年雨露计划扶贫培训工作。

1. 制定工作方案。制定符合当地实际的扶贫培训工作方案，科学合理预留扶贫培训资金，统筹安排全年的扶贫培训工作。

2. 加大资助政策宣传力度。把握好5月份入校宣传的有利时机，联合教育部门开展扶贫培训资助政策宣传。各县要制作宣传板报和宣传资料，发挥第一书记和村“两委”干部的作用，进村入户到校有针对性地开展宣传。

3. 及时审核学生（员）申请。业务干部要及时登录雨露计划扶贫培训管理系统，查看雨露计划扶贫培训申请情况，及时审核学生（员）申请信息，按要求回复。

4. 加强资金监管。严格执行《关于印发广西壮族自治区财政专项扶贫资金管理办法的通知》（桂财农〔2014〕272号）的规定，加强扶贫培训项目资金监管，确保资金使用安全。

5. 执行公示告知制度。学历教育公示内容包括：姓名、性别、户籍所在地（县、乡镇、村）、就读院校、学历层次、补助标准，短期技能培训公示内容包括：姓名、性别、户籍所在地（县、乡镇、村）、举办单位、证书名称、证书号、发证机关、补助（或奖励）标准；学历教育补助发放后，给每一个获得补助的学生寄一封信告知。

6. 做好台账建设。12 月 25 日前全部完成培训工作任务，按照绩效考评的要求，建立规范的培训档案，学历教育审批表和短期技能培训申请审批表要打印与其他证明材料装订成册备查；提交年度工作总结。

自治区、市扶贫办对各县的工作情况实时监控，督促培训工作的落实。

（三）抓好品牌、示范和创新试点工作。一是加强扶贫巾帼励志班品牌建设。广西右江民族商业学校要切实抓好扶贫巾帼励志班品牌建设，选择优质招生专业，加大招生宣传力度，加强教育教学管理和感恩励志教育，拓展优质的顶岗实习和就业岗位，规范社会捐助的使用。二是抓好学历教育应补尽补示范县建设。将上林县、融安县、灌阳县、蒙山县、桂平市、隆林县、凤山县、金秀县、天等县列为自治区扶贫办雨露计划学历教育应补尽补政策示范建设县，示范县要进一步加强政策宣传，创新宣传方式，提高宣传效果，及时审核学生申请，做好精准补助、限时补助、应补尽补和规范档案建设工作，发挥示范县的榜样示范带动作用。三是探索农民实用技术培训创新试点。将田阳县、田林县、罗城县、天峨县列为农民实用技术培训创新试点县，探索致富带头人创业培训。试点县要安排专人负责，选定培训试点项目，以结果为导向，瞄准创新目标，选准合作对象，落实受益群众，制定实施方案，签订协作协议，加强监管，做好结果评价，为提高农民实用技术培训效果提供经验。

2015 年 5 月 21 日

## 8、关于《河南省2014年雨露计划培训工作实施意见》的通知

豫扶贫办〔2014〕25号

各省辖市、有关县（市）扶贫办、财政局：

为进一步做好雨露计划培训工作，提高我省农村贫困人口的自我发展和创业就业能力，增加贫困人口收入，促进贫困地区经济社会快速发展，特制订2014年全省雨露计划培训工作实施意见。

**一、指导思想**

深入贯彻落实习近平总书记关于扶贫开发的一系列讲话指示精神，中共中央办公厅、国务院办公厅《关于创新机制扎实推进农村扶贫开发工作的意见》和省委、省政府《关于贯彻落实〈中国农村扶贫开发纲要（2011~2020年）〉的实施意见》精神，紧紧围绕省委、省政府确定的全民技能振兴工程，以提高贫困人口自我发展和就业、创业能力以及增加贫困人口收入为目的，改革创新培训工作，加大资金投入，积极鼓励、引导农村贫困家庭新生劳动力接受中高等职业教育、贫困家庭劳动力参加短期技能培训和农村实用技术培训，通过培训就业、自主创业和发展现代农业，实现贫困家庭脱贫致富，为推动贫困地区经济社会发展和全面建成小康社会做出贡献。

**二、目标任务**

2014年全省计划完成雨露计划培训任务200000人。其中贫困家庭新生劳动力职业教育助学工程65000人（含2013~2014学年国家助学试点32300人）、贫困户家庭劳动力短期技能培训工程35000人、贫困村产业发展实用技术培训工程70000人、动员和组织社会力量开展企业就近就地培训就业工程30000人（具体培训任务见附件1）。

**三、培训内容和补贴标准**

2014年雨露计划培训工作执行以下补助标准：

1. 雨露计划实施方式改革试点职业教育助学工程。在享受国家规定的其他补助政策的基础上，每人每年补助2000元。采取一卡通或银联卡的形式直接发放到人，不直接发放现金。

2. “雨露计划·金蓝领”助学工程。在享受国家规定的其他补助政策的基础上，每人每年补助生活费用2000元。采取一卡通或银联卡的形式直接发放到

人，不得直接发放现金。

信阳涉外培训补助标准按照《河南省扶贫开发办公室、河南省财政厅关于规范雨露计划涉外扶贫劳务培训管理的指导意见》（豫扶贫办〔2013〕93 号）执行。

雨露计划实施方式改革试点和“雨露计划·金蓝领”助学工程资助人员不得重复享受补助，各市、县要严格把关，确保资金充分发挥效益。

3. 贫困户家庭劳动力短期技能培训工程。凡参加短期技能培训的贫困人口在享受其他部门的学费减免、助学金补助后，每人每月还可继续获得生活补助 500 元。采取一卡通或银联卡的形式直接发放到人，不得直接发放现金。

4. 贫困村产业发展实用技术培训工程。培训对象：为按省扶贫标准识别认定的贫困农户中的劳动力，年龄在 16－70 周岁；教学模式可根据培训内容采取理论、实践相结合的方式（如 2＋2、3＋2 或 3＋3）进行实施。报账时要按预决算实际支出进行报账，但不得高于每人每天 100 元标准

5. 企业就近就地培训就业工程。培训对象为：我省“村企共建扶贫工程”村中有就近就地就业愿望的农民。动员和组织社会力量，鼓励和引导企业开展就近就地培训，吸纳贫困村劳动力就业，增加收入，实现脱贫致富。实施方式：通过开展“千企帮千村”、“村企共建扶贫工程”和产业化扶贫等活动，引导各类企业开展就近就地培训，吸纳贫困村劳动力就业。此项工作，由县（市、区）扶贫办组织抓好落实。

**四、项目备案程序**

自 2014 年起，雨露计划培训项目审批权限下放到县级，实行项目备案制，省、市两级加强对项目实施的监督指导。省、市、县三级雨露计划培训基地全部在县级进行报账。市、县逐级将培训任务分解到各县和培训基地，各培训基地根据培训任务编制培训实施方案报县扶贫办、财政局审核。审核后要进行审批，由县扶贫办、财政局联合审批还是由县级扶贫开发领导小组审批，各地可视具体情况自定。各县将审批的培训基地实施方案汇总后（汇总表见附件 2），报省辖市扶贫办、财政局备案。各省辖市将汇总情况报省扶贫办、省财政厅备案，以此作为对各地督促检查考核的依据。各省辖市、直管县（市）要在 2014 年 5 月 30 日前完成备案工作。

**五、保障措施**

（一）强化资金项目监管

一是强化培训资金管理。今年是雨露计划培训项目审批权限下放到县的第一

年，省、市扶贫、财政部门要加强对资金项目的监管，确保项目惠及贫困人口，确保资金安全。按照《河南省雨露计划贫困劳动力培训财政补助资金管理办法》（豫财农〔2013〕241号）和《河南省财政扶贫资金县级报账制管理办法》（豫财办农〔2007〕291号）有关要求，严格扶贫资金的报账和拨付程序。

二是深化培训制度改革，瞄准对象，扶持到户。第一，培训资金实行直补到人。自今年起，职业教育和短期技能培训全部对参加培训的贫困劳动力进行生活补贴，直补到人，以保障资金安全和充分发挥效益。第二，做到精准扶贫。按照国家要求，结合我省实际，培训工作主要针对贫困户中的劳动力进行培训，要认真审核补贴对象身份和培训时间。第三，进一步优化培训结构，加大职业教育、控制农村实用技术培训、缩减短期技能培训规模，使培训更加符合贫困人口需要。

三是规范培训项目管理。继续坚持和完善“第一堂课”、月报表、毕业考试、项目检查验收制度，规范培训操作程序，健全培训档案，努力实现培训工作的规范化、制度化、科学化。自今年起全部使用新的“学员登记表”和“学员统计表”（见附件3、附件4）。

四是规范信息管理系统的使用和管理。要充分利用雨露计划信息管理系统，认真做好对受训学员信息的录入工作，确保每位学员信息资料准确、完整和真实有效，接受社会查询监督。

（二）加强对培训基地的管理

一是培训基地实行动态管理。对原有培训基地上年度培训工作完成情况进行考核，对出现违规违纪、培训任务完成不好、转移就业率低、培训条件出现大幅度滑坡的培训基地予以淘汰，保证培训基地的质量不降低。

二是严格执行培训基地准入制度。对新申请承担雨露计划培训任务的学校，严格按照培训基地的准入条件和标准进行考评认定，不达标不得吸收为雨露计划培训基地、不得承担雨露计划培训任务。

三是加大对省级雨露计划培训基地扶持力度。对管理规范、成绩显著的省级培训基地，在任务和资金安排上要给予重点扶持，积极支持培训基地做大做强，充分发挥其资源优势和示范带头作用。

四是突出特色和重点，强力打造品牌，努力提高培训就业的竞争力，树立雨露计划品牌形象。

（三）广泛开展校企合作、联姻共建活动

校企合作联姻共建，是衡量一个学校开门办学的重要标志，也是决定一个学校学员就业率的重要方面。各培训基地要围绕大中型企业需求和我省产业聚集区发展需要，广泛开展合作联姻共建活动，特别是省、市级培训基地要带头为我省产业聚集区和重点企业发展提供人力资源培训服务，根据产业发展和企业需求开展定向、定岗、订单、冠名培训，实现学校培养与产业、企业需求无缝对接，切实提高培训质量和贫困学员的稳定就业率。

（四）切实加强组织领导

一是各级扶贫、财政部门要加强领导，要有专人负责此项工作，配备必要的办公设施，安排一定办公经费，满足工作需要。

二是积极做好协调工作。各级扶贫部门要加强与人社、教育、农业、民政、残联等部门的协调和配合，形成合力，共同促进工作开展。

三是建立目标考核责任制，要把雨露计划培训工作纳入责任目标考核体系，明确责任，抓好落实，确保 2014 年雨露计划培训任务圆满完成。

河南省扶贫开发办公室

河南省财政厅

2014 年 3 月 24 日

## 9、江西省关于修订印发《江西省雨露计划培训项目资金管理办法》的通知

各市、县扶贫和移民办（局）、财政局：

为适应扶贫开发工作新形势，创新扶贫开发工作新机制，根据精准扶贫、精准脱贫的要求，省扶贫和移民办、财政厅重新修订完善了《江西省雨露计划培训项目资金管理办法》。现印发给各地，请结合本地扶贫开发实际认真贯彻执行。2013 年下发的《江西省雨露计划培训项目资金管理办法（试行）》同时废止。

江西省扶贫和移民办公室　　江西省财政厅

2015 年 5 月 20 日

# 江西省雨露计划培训管理办法

## 第一章　总　则

**第一条**　为进一步创新扶贫开发机制，全面贯彻落实精准扶贫、精准脱贫的要求，规范全省雨露计划培训工作项目管理，提高培训质量和效果，有效防范各种风险，根据中央和我省《农村扶贫开发纲要（2011~2020 年）》，结合我省实际，制定本办法。

**第二条**　雨露计划是指通过财政扶贫专项资金补助，鼓励和引导有转移培训愿望的农村贫困家庭劳动力积极参加职业教育和转移就业技能培训，提高转移就业技能水平和综合素质，促进贫困劳动力稳定就业创业，促进贫困家庭脱贫致富。

**第三条**　雨露计划培训项目坚持“计划指导、分级管理、培训到人、直补到户”的工作原则。

## 第二章　实施范围及培训对象

**第四条**　雨露计划的实施范围：全省农村贫困地区。

**第五条**　雨露计划培训对象：我省扶贫部门农村建档立卡贫困家庭中有意愿参加职业学历教育、转移就业技能培训的两后生（初、高中毕业后接受中、高职职业院校培训）和青壮年劳动力。

**第六条**　本着“自愿培训、自主选择”的原则，培训对象自主选择经教育部门认可的职业教育院校和符合国家相关资质的转移就业技能培训机构接受教育或培训。

## 第三章　补助政策

**第七条**　补助标准：职业教育培训对象每人每学年补助 2000 元；转移就业技能培训每人次补助 1000 元。

**第八条**　补助范围：中等职业院校一、二年级和高等职业院校一、二、三年级的在校学生；当年参加转移就业技能培训合格并获取技能证书（资格证书）的培训对象。

**第九条**　培训对象接受全日制中、高等职业教育的注册学生，培训对象参加培训结业后取得技能证书（资格证书）的，可凭院校证明和技能证书（资格证书）向户籍所在地扶贫和移民部门申请培训补助。

## 第四章　申请及审定程序

**第十条**　雨露计划培训对象的审核和补助资金的发放，按照“户申请、村证明、乡审核、县审定”的程序组织实施。

**第十一条**　当年接受中、高等职业学历教育培训对象，可向户籍所在地县级扶贫和移民部门提出雨露计划培训补助资金申请。申请人须提交以下材料：

（一）江西省雨露计划培训补助资金申请表（见附件 1）；

（二）申请人照片、户口和居民身份证原件及复印件；

（三）就读学校（院）出具的学籍证明、《入学通知书》复印件。

**第十二条**　当年参加转移就业技能培训的对象，可向户籍所在地扶贫和移民部门申请一次性培训补助资金。申请时须提交以下材料：

（一）江西省雨露计划培训补助资金申请表；

（二）申请人照片、户口和居民身份证原件及复印件；

（三）技能证书（资格证书）原件和复印件。

**第十三条**　县级扶贫和移民部门受理相关培训补助申请后，要对补助对象情况进行审查。审查的重点是：

（一）是否属于扶贫部门建档立卡的农村贫困人口；

（二）是否在校接受全日制中、高等职业教育并有正式学籍；

（三）是否当年参加转移就业技能培训；

（四）是否享受过扶贫和移民部门的培训补助；

（五）技能证书（资格证书）是否真实。技能证书（资格证书）必须是当年领取并可上网查验真伪（技能证书是劳动保障部门颁发，资格证书是相关职能部门颁发）。

**第十四条**　补助对象经初步审查确认后，县（市、区）扶贫和移民部门要在申请对象所在行政村公示拟补助对象名单，公示时间不少于 7 天。公示内容包括申请人姓名、户主姓名、家庭住址、就读院校、专业及年级、转移就业技能培训参训工种、补助标准、举报电话等。

**第十五条** 公示无异议后，县（市、区）扶贫和移民部门在《申请表》上签署审查意见并加盖公章，汇总形成雨露计划培训补助对象花名册，将审查材料交本县财政部门复核无误后，于规定时间内由县级财政部门按规定程序将补助资金拨付到补助对象财政惠农资金“一卡（折）通” （以下简称“惠农一卡通”）中。

## 第五章 资金管理

**第十六条** 雨露计划培训任务和培训补助资金由省下达到各设区市及省直管县、省财政直管县（市）；非省财政直管区由省下达到设区市，再由设区市下达所辖非省财政直管区。省下达的雨露计划年度培训任务应当年完成，确因实际情况完成不了任务的，完成任务数不能少于计划数的90%。节余资金可结转用于下年度的雨露计划培训。

**第十七条** 雨露计划培训补助资金实行专户管理、专账核算、专款专用，严格执行扶贫资金管理规定，严禁挤占挪用。

**第十八条** 职业教育补助资金应于每年8月底前拨付到培训对象“一卡（折）通”上，转移就业技能培训补助资金应于每年11月底前发放到培训对象“惠农一卡通”中。

## 第六章 分级职责

**第十九条** 省扶贫和移民办负责全省雨露计划培训政策制定、项目规划编制、年度培训计划制定、协调服务、督促检查和工作考评等工作；根据全省雨露计划培训总体情况和上年度各地雨露计划培训任务完成情况，对各地申报的培训任务建议数进行审查核定，于12月底前会同省财政厅下达下年度全省雨露计划培训任务及资金计划。

**第二十条** 设区市及省直管县扶贫和移民部门负责本地区雨露计划的政策宣传、协调服务、监督管理、督促检查和工作考评等工作。每年11月底前，汇总上报本地区下年度雨露计划培训任务需求数。

**第二十一条** 县（市、区）扶贫和移民部门负责本地雨露计划培训项目的组织实施、政策宣传、补助对象资格认定、培训补助资金审核、请款和发放、培训学员跟踪问效、建立和管理雨露计划培训档案。根据本地实际和上年度雨露计划任务完成情况，于每年10月底前，向设区市上报下年度雨露计划培训任务建议数。

**第二十二条**　各级扶贫和移民部门要做好雨露计划项目相关文件、资料、电子台账等档案资料的收集、整理和归档保管工作。其中，补助对象花名册（见附件2）电子文档要报省、市备查。

**第二十三条**　建立雨露计划培训工作报告制度。县级扶贫和移民部门应于每季度末，上报本季度雨露计划实施进度统计表（见附件3），每年12月底上报雨露计划工作总结。省扶贫和移民办每季度通报各地扶贫雨露计划项目实施进展情况。

## 第七章　监督检查

**第二十四条**　县级扶贫和移民部门要给每户建档立卡贫困家庭寄送一封宣传雨露计划培训扶持政策宣传单（样式见附件4），确保政策宣传到户。同时，通过召开相关会议和利用广播电视、互联网站、短信平台、张贴公告等多种形式，在实施范围广泛宣传，让扶贫对象深入知晓雨露计划政策措施和有关规定，引导鼓励贫困对象积极主动用到、用好、用足培训扶持政策。

**第二十五条**　各地扶贫和移民部门要深入细致做好培训对象调查摸底工作，及时上报本地年度雨露计划培训实施计划。年度培训实施计划经上级核定下达后，各地要认真抓好组织实施，上级据此监督检查各地培训任务落实情况。

**第二十六条**　各级扶贫和移民部门、财政部门要加强雨露计划项目实施的监督管理，开展定期和不定期的监督检查。监督检查的重点是：

（一）宣传动员工作情况；

（二）补助对象的申请、审核及公示情况；

（三）补助对象参加职业教育或转移就业技能培训情况；

（四）补助人员名单、报账资料真实及完整情况，是否存在编造虚假名单套取、骗取补助资金等违规违纪行为；

（五）补助资金管理使用情况，是否严格实行了“惠农一卡通”足额直补到户。

**第二十七条** 省、市、县三级每年要组织定期或专项性的培训工作监督检查，形成客观真实的专项督查报告，并及时逐级上报。

**第二十八条** 雨露计划培训工作列入年度完成扶贫开发任务考评的重要内容，重点考核培训任务完成情况、补助资金发放和管理情况、培训资料归档管理情况、培训工作制度落实情况等。考评结果作为下年度培训任务及资金分配的依据，作为年度财政扶贫资金绩效考评和扶贫开发工作考核的重要内容。对出现雨露计划培训工作缺失、完成年度培训计划任务不力、违纪违规使用培训资金等问题的地方，年度绩效考评和工作考核不得评为先进。

## 第八章 责任追究

**第二十九条** 省级扶贫和移民部门、财政部门要依据政策规定，严格核查各地执行雨露计划政策的违规违纪问题，对经核实的问题给予批评或通报，并责令其限期整改和纠正。对性质恶劣并造成项目资金损失或不良社会影响的地方严肃问责，并扣减次年财政扶贫专项补助资金的分配。

**第三十条** 各级扶贫和移民部门应积极配合财政、审计、监察等部门开展对雨露计划专项补助资金使用的监督、审计和检查，发现问题应及时主动整改和处理。对骗取、套取、挪用、贪污雨露计划补助资金的违纪违法行为，要配合有关部门，依法追究相关人员责任并严肃查处。

## 第九章 附 则

**第三十一条** 各设区市扶贫和移民部门、财政部门可根据本办法，结合本地实际制定实施细则。

**第三十二条** 本办法由省扶贫和移民办、省财政厅负责解释，自印发之日起实行，之前制定下发的《江西省雨露计划培训项目管理办法（试行）》废止。

## 10、内蒙古自治区关于下发《2015 年度雨露计划职业教育工作实施方案》的通知

内扶办发〔2015〕100 号

各盟市扶贫办：

根据国务院扶贫办关于雨露计划职业教育工作的部署和安排，结合我区实际，自治区扶贫办制定了《2015 年度雨露计划职业教育工作实施方案》（以下简称《方案》，见附件 1），现下发各地执行，并就有关事宜通知如下：

一、请有关项目旗县扶贫办按照《方案》要求，结合本地实际，强化组织领导，抓紧制定年度实施计划，确保此项工作有序开展，保证资金补助精准到户到人，努力实现应补尽补。

二、按照国务院扶贫办《关于做好雨露计划职业教育扶贫助学补助政策宣传工作的通知》（见附件 2）要求，各地要切实做好国家和自治区雨露计划扶贫助学相关政策的宣传工作，确保建档立卡贫困学生家庭都普遍知晓和深入了解雨露计划职业教育扶持政策。

三、国务院扶贫办近期下发了《雨露计划职业教育工作指南（试行）》（见附件 3），现随同《方案》一并转发各地，请各地在遵照《方案》的基础上，结合各自实际，参照执行。

内蒙古自治区扶贫开发（革命老区建设）办公室

2015 年 9 月 23 日

### 附件 1

### 内蒙古自治区 2015 年度“雨露计划”职业教育工作实施方案

为深入贯彻国务院扶贫办、教育部、人力资源和社会保障部联合下发的《关于加强“雨露计划”支持农村贫困家庭新成长劳动力接受职业教育的意见》（国开办发〔2015〕19 号），按照国务院扶贫办下发的《“雨露计划”职业教育工作指南（试行）》的要求，进一步体现精准扶贫的原则，确保“雨露计划”扶持资金补助到户到人，在对我区建档立卡贫困户中接受中等职业教育和高等职业教育

的贫困家庭子女进行调查摸底的基础上，按照年度扶贫资金预算安排，根据我区工作实际，制定本实施方案。

**一、实施范围**

全区有建档立卡贫困户的旗县、区市。

**二、扶持对象**

我区“雨露计划”职业教育的扶持对象为接受中等职业教育（含普通中专、成人大专、职业高中、技工院校）、高等职业教育（含普通大专、高职院校、技师学院）的农村牧区建档立卡贫困家庭子女。建档立卡户为2014年认定的以国务院扶贫办农村贫困人口建档立卡数据库存数据为准。

**三、扶持期限**

2015年秋季学期起，建档立卡贫困家庭子女接受职业教育在校学习期间，其家庭均可享受扶贫助学补助。

符合条件的贫困家庭第一次得到扶贫助学补助后，其子女在校期间无论其家庭是否脱贫，都继续享受扶持政策。接受中等职业教育期间享受扶贫助学补助，毕业后直接升入高等职业院校继续学习的学生，其家庭继续享受该资助政策。

**四、补助标准**

按照国家财政部关于“雨露计划”补助标准要求，我区现行“雨露计划”职业教育补助标准为每位贫困家庭学生每学年1500元。

**五、补助方式**

凡符合补助条件的贫困家庭，无论其子女在何地就读，均可在其家庭户籍所在地向扶贫部门提出申请补助。补助资金一律通过支农惠农“一卡通”直接补给贫困家庭。

补助资金分秋季学期、春季学期两期申请、审核，分期发放的方式支付，每学期每学生分秋季、春季各发放750元。

**六、补助时间**

2015年度补助资金只用于2015年秋季入学和2016年春季入学的在读的建档立卡贫困家庭子女。对2015年秋季开学往届的学生中，建档立卡的贫困家庭子女也可享受补贴。

**七、组织保障**

（一）统筹安排任务。各盟市按照自治区下达雨露计划年度任务数，要根据当地贫困家庭子女数量、承担工作积极性以及近年雨露计划工作效果等情况合理安排和分解所属旗县雨露计划年度任务，各旗县要制定好年度实施计划，采取分期、分批、分年度的方式逐步发放补助资金。

（二）做好政策宣传。各地要做好雨露计划政策的宣传，尤其是今年的政策、资金与往年有所不同，要重点在补助对象、补贴标准以及享受补贴政策先后顺序等方面做好解释和宣传，让贫困户家庭都能正确、全面的了解和熟知雨露计划补贴政策，同时要有效杜绝群众信访事件的发生。

（三）规范工作流程。雨露计划职业教育工作须通过贫困户申请、村级确认、乡镇初审、县级扶贫部门审核、社会公示、直补到户等程序实施，各项目旗县按照资金发放程序制定详细的操作流程，确保补助资金精准到户到人。

（四）强化资金管理。各地要加强雨露计划专项资金的管理监督，严格操作程序，实行公告公示制度，自觉接受纪检、监察、审计等部门监管和社会监督。对虚报、冒领、私分、截留、挪用资金的单位和个人，依据有关规定严肃查处。

## 11、山西省扶贫开发办公室<br>关于做好2015年雨露计划工作的通知

晋开发办〔2015〕110号

各市扶贫办，58个贫困县扶贫办，44个有扶贫任务的非贫困县扶贫办：

为贯彻落实国扶办、教育部、人社部《关于加强雨露计划支持农村贫困家庭新成长劳动力接受职业教育的意见》（国开办发〔2015〕19号）和省政府《关于2015年新实施强农惠农富农补贴政策的通知》（晋政发〔2015〕9号）精神，我省将进一步加大雨露计划教育扶贫工作的资助力度，对“建档立卡”贫困户中，接受中职中技、高等职（专）业教育的贫困学生，实行应补尽补全覆盖。现将此项工作具体要求如下：

**一、工作目标**

通过政策扶持，农村贫困家庭子女初、高中毕业后接受中、高等职业教育的比例逐步提高，确保每个孩子起码学会一项有用技能，贫困家庭新成长劳动力创业就业能力得到提升，家庭工资性收入占比显著提高，实现一人长期就业，全家稳定脱贫的目标。

**二、补助对象及标准**

对全省“建档立卡”贫困户中，接受一、二、三年级中职中技（含普通中

专、职业高中、技工院校)、高等职（专）业教育（含普通大专、高职院校、技师学院等）的在校学生，每生每年给予2000元的生活困难补助，连续补助2年(三年级学生毕业后不再享受)，实行应补尽补全覆盖。

**三、补助方式**

符合条件的贫困学生无论在何地就读，其家庭均在户籍所在地申请雨露计划教育扶贫助学补助。补助资金通过一卡通（一折通）直接补给贫困家庭。

**四、政策宣传**

发挥基层组织尤其是村两委和驻村工作队的一线组织动员作用，宣传贫困生扶持政策，引导贫困家庭子女接受职业教育。各县扶贫部门通过网络、电视广告、报纸、媒体、发放张贴宣传告示等多种形式，向社会宣传公告贫困生扶持政策，使这项惠民政策家喻户晓、深入人心，为项目的实施创造良好条件。

**五、资助对象的认定**

使用雨露计划信息服务管理系统，与扶贫开发建档立卡信息系统、教育部职业教育学籍管理系统、人社部技工院校学籍管理系统实现数据对接，实行贫困家庭学生职业教育补助网上申报，系统自动比对筛选。具体操作流程如下：

（一）提交申请

“建档立卡”贫困户成员可通过两种方式申请。

1、网站注册。“建档立卡”贫困户成员登录国务院扶贫办雨露计划网站(官网网址：www. yulujihua. com)，填写个人信息并提交资助申请表。

2、手机APP。“建档立卡”贫困户成员登录国务院扶贫办雨露计划网站，下载雨露计划百事通软件，通过手机填写个人信息并提交资助申请表。

（二）贫困资格审核

1、统一使用国务院扶贫办雨露计划信息服务管理系统自动与扶贫开发建档立卡信息系统审核匹配，将申请学生分成三类：第一类是学生在档，绿色通道，默认为通过，无需再次审核；第二类是户主在档，辅助通道，默认为通过，需要核实学生与户主关系；第三类是双不在档（学生、户主均不在档），应急通道，默认为不通过，需要人工审核。

2、由村、乡、县三级管理员对第二类户主在档的，核实学生与户主关系，学生户口调到学校之前与户主在一个户籍的予以通过。对第三类双不在档的一律不予通过。

（三）学生学籍审核

1、统一使用国务院扶贫办雨露计划信息服务管理系统自动分别与教育部职业教育学籍管理系统、人社部技工院校学籍管理系统审核匹配，将申请学生分成两类：第一类是学籍在档，无需再次审核；第二类是学籍不在档，需要人工审核。

2、由县级管理员通知学籍不在档学生或家庭成员，由学生提供所在学校开具的学籍证明交县扶贫办，确认后予以通过。

（四）县扶贫办将拟资助贫困生名单向社会进行公示，公示日期不少于 5 天。公示内容要涵盖资助对象所在学校、户口所在乡村、家庭基本情况。同时要设立举报电话，接受学生、家长和社会监督。

**六、资金使用要求**

（一）各县扶贫办要按照《关于下达 2015 年财政扶贫发展资金计划的通知》（晋开发办〔2015〕66 号）要求，足额保证雨露计划教育扶贫资助项目资金的使用，做到应补尽补，应贴尽贴。

（二）审核认定工作结束后，各县扶贫办按照确定的贫困生资助名单，协调县财政通过惠农一卡（折）通直补到建档立卡贫困户家庭账户，原则上不得直接发放现金。

（三）要加快资助金的发放工作，确保在 2016 年 3 月底前，将 2000 元补助资金一次性发放到符合补助条件的贫困生家庭。

（四）各县要严格资助金的发放工作，保证符合补助条件的贫困生应扶尽扶，不遗漏。

（五）县扶贫办要建立贫困生第二类户主在档辅助通道的户主与学生户籍证明档案，以及第二类学籍不在档学生的学籍证明档案，妥善保管 2015 年雨露计划教育扶贫资助金打款凭证。

**七、资金的管理与监督**

各级扶贫开发部门要把雨露计划教育扶贫工作列入重要议事日程，制定工作计划，明确工作目标，加强部门协调，保障助学补助资金。

各级扶贫部门要加强雨露计划教育扶贫工作的管理，进一步完善工作机制，严格操作程序，自觉接受纪检、监察、审计等部门监管和社会监督。贫困生的补助金要专款专用。对虚报冒领、私分、截留、挪用资金的单位和个人，依据有关规定严肃查处。

# 参考文献

[1] 西奥多·舒尔茨. 论人力资本投资 [C]. 北京：北京经济学院出版社，1990. 68 -73.
[2] 魏颖. 中国代际收入流动与收入不平等问题研究 [M]. 北京：中国财政经济出版社，2009.
[3] 贝克尔. 人力资本：特别是关于教育的理论与经验分析 [M]. 北京：北京大学出版社，1987. 转引自黄金辉，张衔，邓翔，等. 中国西部农村人力资本投资于农民增收问题研究 [M]. 成都：西南财经大学出版社，2005.
[4] 李忠民. 人力资本：一个理论框架及其对中国一些问题的解释 [M]. 北京：经济科学出版社，1999.
[5] 冯子标. 人力资本运营论 [M]. 北京：经济科学出版社，2000.
[6] 李玲. 人力资本运动与中国经济增长 [M]. 北京：中国计划出版社，2003.
[7] 张兵. 贫困代际传递理论发展轨迹及其趋向 [J]. 理论学刊，2008，(4)：46 -49.
[8] 李晓明. 贫困代际传递理论述评 [J]. 广西青年干部学院学报，2006，(2)：75 -84.
[9] Peter M. Blau and Otis D. Duncan, The American Occupational Structure [M]. N. Y: The Free Press, 1967.
[10] 奥斯卡·刘易斯. 贫困文化：墨西哥五个家庭一日生活的实录 [M]. 台湾：巨流出版社，2004.
[11] 达伦多夫. 生活的机会 [M]. 北京：商务印书出版社，1979.
[12] Bill Jordan. A Theory of Poverty and Social Exclusion [M]. Cambridge: Polity Press, 1996.
[13] GaryBecker and Nigel Tomes. Human Capital and theRiseand Fall of Families [M]. Journal of Labor Economies, 1986, 4 (3): 1-39.
[14] James S. Coleman. Foundations of Social Theory [M]. Cambridge: Belknap Press, 1990.
[15] Lawrence M. Mead. The New Politics of Poverty: Non - Working Poorin America [M]. New York: Basic Books, 1992.
[16] 拉格纳·纳克斯. 不发达国家的资本形成问题 [M]. 北京：商务印书馆，1966.
[17] 沈红，周黎安，等. 边缘地带的小农——中国贫困的微观解理 [M]. 北京：人民出版社，1992.
[18] 尹海洁，关士续. 城市贫困人口贫困状况的代际比较研究 [J]. 统计研究，2004，(8)：45 -49.
[19] 孙莹. 贫困的传递与遏制——城市低保家庭第二代问题研究 [M]. 北京：社会科技文献出版社，2004.
[20] 谢勇. 人力资本与收入不平等的代际研究 [J]. 上海财经大学学报，2006，(4)：49 -57.
[21] 谢勇，李放. 贫困代际间传递的实证研究 [J]. 贵州财经学院学报，2008，(1)：94 -97.
[22] 魏成龙，吴建涛. 我国农村的人力资本投资研究 [J]. 经济学动态，2006，(12)：66 -69.
[23] 王爱君，肖晓荣. 家庭贫困与增长：基于代际传递的视角 [J]. 中南财经政法大学学报，2009，

(4): 24 -29.

[24] 西奥多·舒尔茨. 改造传统农业 [M]. 北京: 商务印书馆, 1987.

[25] Zimmerman and David. Regression Towards Mediocrity in Economic Stature [J]. American Economic Review, 1992, 82: 409 -429.

[26] Eide, E. R. and Showalter, M. H. Factors Affecting the Transmission of Earnings Across Generations: A Quantile Regression Approach [J]. The Journal of Human Resources, 1999, 34 (2): 253 -267.

[27] Solon and Gary. Intergenerational Mobility in the Labor Market [J]. in Handbook of Labor Economics, 1999, Vol3A. in Orley C. Ashenfelter and David Card, eds. Amsterdam: North - Holland: 761 -800.

[28] Solonand Gary. A Model of Intergenerational Mobility Variation over Time and Place [A]. in Miles Corak, ed. Generational Income Mobility in North America and Europe [C]. Cambridge. UK: Cambridge University Press, 2004: 38 -47.

[29] Bowles, S. and Gintis, H. The Inheritance of Inequality [J]. Journal of Economic Perspectives, 2002, 16 (3): 3 -30.

[30] 赖德胜. 教育与收入分配 [M]. 北京: 北京师范大学出版社, 2000.

[31] 郭从斌, 丁小浩. 中国劳动力市场分割中的行业代际效应及教育的作用 [J]. 教育研究, 2005, (1): 34 -40.

[32] 郭从斌, 闵维方. 中国城镇居民教育与收入代际流动的关系研究 [J]. 教育研究, 2007, (5): 3 -14.

# 后　记

“雨露计划”是我国扶贫系统在实践中探索出的一条具有中国特色的扶贫开发品牌之一，相较于“阳光工程”，“雨露计划”内涵更丰富，对象更特殊。自“雨露计划”实施以来，经过不断完善和改革，“雨露计划”的扶贫脱贫效果日益明显，受到贫困地区的欢迎。但在新的环境条件下也面临着很多新矛盾和新问题，需要不断进行研究和完善。

本书是在调研基础上撰写的一部研究著作。在完成这项研究中得到了很多专家帮助和支持。国务院扶贫办政策法规司苏国霞司长、人事行政司张良副司长自始至终都给予指导。中国国际扶贫中心黄承伟副主任从研究设计、研究重点和报告撰写提纲等给予悉心的指导。河南省扶贫办、信阳扶贫办和新县扶贫办领导都给予了配合和支持，尤其是河南新县的信阳涉外职业技术学院院长和老师全程陪同我们开展问卷调研和访谈，并组织了专门的座谈会。在此表示衷心的感谢！

我虽然负责并主持本项研究的组织、调研活动和报告修改定稿等，但主要的调研活动、初稿撰写等都是我的几个研究生来完成的，他们是许凌筠、李文娟、于倩和白光远，报告前后经过了几次修改后最后定稿，四位同学的勤奋和努力使得他们的科研能力得到了很好锻炼，也让他们亲身感受我国贫困地区现状、贫困学子的艰辛和国家“雨露计划”的作用和效果，如今他们都已经毕业走上了工作岗位，但是他们的那份扶贫济困和为国家扶贫脱贫事业的努力的却已内化于心，相信定当有所作为。

这是我组织完成扶贫脱贫系列研究的第 12 本专著，虽然说不上有多少成果，但能对扶贫脱贫尤其是“雨露计划”的完善尽一点点力，就是我最大心愿。扶贫脱贫事业任重道远，为国家的扶贫脱贫研究提供政策建议是我本人和北京师范大学中国扶贫研究中心的目标和责任，我也希望更多的人加入到扶贫脱贫事业中来，用自己的力量为贫困地区带去希望和变化，带去一抹爱心的色彩，让更多的光芒照进贫困山区。让我们心中永远揣着一份对扶贫脱贫事业的热情，积德行善，扶贫济困，为全中国人民的福祉和民族复兴努力工作。

“雨露计划”是扶贫脱贫的重要途径，由于能力和水平所限，书中难免存在很多错误和缺点，敬请批评指正。

张 琦

2016 年 1 月 16 日于北师大励耘楼